上市公司信息披露质量：熵测度及其对股权融资成本的影响研究

杨 红 著

经济科学出版社

图书在版编目（CIP）数据

上市公司信息披露质量：熵测度及其对股权融资成本的
影响研究/杨红著 . —北京：经济科学出版社，2015.8
ISBN 978 - 7 - 5141 - 6033 - 8

Ⅰ.①上⋯　Ⅱ.①杨⋯　Ⅲ.①上市公司 - 会计分析 -
研究 - 中国　Ⅳ.①F279.246

中国版本图书馆 CIP 数据核字（2015）第 206038 号

责任编辑：黎子民
责任校对：王肖楠
责任印制：邱　天

上市公司信息披露质量：熵测度及其对股权融资成本的影响研究
杨　红　著
经济科学出版社出版、发行　新华书店经销
社址：北京市海淀区阜成路甲 28 号　邮编：100142
总编部电话：010 - 88191217　发行部电话：010 - 88191522
网址：www. esp. com. cn
电子邮件：esp@ esp. com. cn
天猫网店：经济科学出版社旗舰店
网址：http://jjkxcbs. tmall. com
北京万友印刷有限公司印装
710 × 1000　16 开　11.25 印张　200000 字
2015 年 8 月第 1 版　2015 年 8 月第 1 次印刷
ISBN 978 - 7 - 5141 - 6033 - 8　定价：45.00 元
（图书出现印装问题，本社负责调换。电话：010 - 88191502）
（版权所有　侵权必究　举报电话：010 - 88191586
电子邮箱：dbts@ esp. com. cn）

摘　　要

　　上市公司质量判断的主要依据是上市公司披露的信息，信息披露质量的高低直接决定证券市场的公平和效率，进而影响国家乃至世界经济运行的平稳性。然而，除深交所的"信息披露考评结果"外，我国尚未有较系统的信息披露质量测度方法。如何在良莠不齐的上市公司中，将信息披露质量高低不同的公司区分开来，已经成为信息披露研究中的一个亟待解决的问题；而作为信息披露经济后果之一的信息披露质量对股权融资成本的影响，也尚待深入研究。因此，本书从信息经济学角度出发，结合信息披露理论、计量经济学等相关知识，通过理论推演的方式，勾勒出我国上市公司信息披露质量的形成路径，整合信息披露质量测度指标体系，运用熵权评价法，构建并实证检验信息披露质量测度的熵模型；同时，基于对经济时间轴的延伸分析，构建信息披露质量对股权融资成本影响的理论模型，并通过多元回归等统计方法进行实证检验。主要创新之处如下：

　　（1）勾勒信息披露质量的形成路径，构建我国信息披露质量的测度指标体系。虽然已有研究提出过我国信息披露质量的测度指标体系，但是，大都在理论基础上有所欠缺。本书通过理论分析，提出信息披露质量的形成路径，并结合熵权测度模型，设计我国信息披露质量的测度指标体系。具体而言，在会计信息质量形成过程分析的基础上，指出信息披露质量是随着信息披露过程的进行而逐渐形成的，在年报编制阶段主要决定上市公司信息披露质量最基本的特征——真实性，而在年报对外披露阶段决定另一个主要特征——及时性。年报真实性主要由公司治理结构、财务指标状况、外部审计状况以及会计报表项目之间的相关关系四类指标来测度，而年报及时性则以年报时滞来测度。同时，基于我国上市公司信息披露质量的形成路径，结合熵权测度模型，在有理有据的基础上形成"真实性"和"及时性"指导下的、共18个指标构成的信息披露质量测度指标体系。

　　（2）提出并实证检验基于内生原因衡量信息披露质量的新方法。信息披露质量是不可直接观察的，学者们试图使用不同方法来进行衡量。早期通过财务报告的披露数量、信息含量、财务报告盈余质量等对信息披露质量进行研究，虽然为开展信息披露质量的相关研究作出了贡献，但是，却存在着诸多尚待改进之处。因此，本书充分借鉴国内外的研究成果，改善前人在指标的选择、设置以及处理方法上的不足之处，构建信息披露质量的熵测度模型，并以配对样本比较的方法，证明在熵权测度模型下，两类公司的信息披露质量的确存在显著差异，从而表明使用熵模型测度信息披露质量科学且有效。

（3）对经济时间轴进行延伸分析，设计上市公司动态简化营运图，构建考虑时间性的信息披露质量对股权融资成本影响的理论模型。为了能更好地理解信息披露与资本成本之间的关系，韦雷基亚（Verrecchia, 1999）提出了涵盖二者关系中诸多要件的经济时间轴，简要演示了一个公司从发起到清算的全过程。本书将韦雷基亚的经济时间轴的时点与现实公司营运相结合，进行经济时间轴的延伸分析，通过设计上市公司动态简化营运图，构建信息披露质量对股权融资成本影响的理论模型，并得到基本结论：上市公司的季报、半年报、临时公告等披露，会影响当期投资者股票交易行为，从而影响其当期股权融资成本；而上市公司当期的年报披露，会影响其后各期的投资者股票交易行为，从而影响其后各期的股权融资成本。

（4）通过理论分析与现实考察，提出并实证检验信息披露质量对股权融资成本的影响。研究发现：上市公司信息披露质量与其当期的股权融资成本不相关，与其后第一期（下期）、第二期的股权融资成本负相关。现有研究大多使用信息披露质量的替代变量，一般性得出上市公司信息披露质量与其当期股权融资成本负相关的结论，而不考虑其对以后各期的影响。因此，本书在经济时间轴延伸分析结论的基础上，结合现有一般研究结论，提出上市公司信息披露质量与其当期的股权融资成本不相关，与其后第一期（下期）、第二期的股权融资成本负相关的研究假设。并以我国上海和深圳证券市场 A 股上市公司数据作为分析样本，熵模型和 GLS 方法分别作为信息披露质量和股权融资成本的测度方法，证实假设，并检验了结论的稳定性。研究发现：上市公司信息披露质量与其当期股权融资成本不相关的假设成立，但在样本较少情况下稳定性不高；上市公司信息披露质量与其后第一期（下期）、第二期股权融资成本负相关的假设不仅成立，而且具有较强的稳定性。

ABSTRACT

The major basis on the judgement of the quality of listed companies is the information they disclosed, and the information disclosure quality directly determines the fairness and efficient of the security markets, ulteriorly affects the economic and operating smooth of national and even the whole world. However, in addition to the information disclosure evaluation results of Shenzhen Stock Exchange, it has yet to have a more systematic approach to measure the information disclosure quality. How to distinguish the listed companies from varied information disclosure level has been an urgent problem, and as one of the economic consequences of the information disclosure quality, the effect on the cost of equity capital has to be proofed immediately. This paper focuses on these two problems, from the perspective of information economics, with the information quality theory, econometric and other related knowledge, through theoretical deductive method, making an outline of the path and then integrating an evaluation index system of the information disclosure quality, based on these, proposes an measurement method of the information disclosure quality by entropy theory and tests it using empirical data. And finally, based on the extended analysis of the economic time line, the paper designs dynamic and laconic operating chart of listed company, proposes theoretical models about the effects the information disclosure quality does on the cost of equity capital considering the time and tests them by empirical data. And the main results of this paper are as follows:

Firstly, this paper makes an outline of the path the information disclosure quality is formed and then integrates an evaluation index system. Although there are some evaluation index systems in former studies, shortcomings of the theorical basis remain. Based on the analysis of the process of the accounting information quality, it points out that the information disclosure quality is formed by the process of the information disclosure. That means, authenticity and timeliness are the two main qualitative characteristics of accounting information, and the former is mainly determined in the preparing stage and the latter is in the disseminating stage of annual report. Based on the these, this paper integrates an evaluation index system which composes 18 indicators.

Secondly, a new method to measure the information disclosure quality is proposed and tested. Due to the quality of information disclosure can not be directly observed, scholars have tried to use different methods to measure it and still remain insufficiency. Therefore, based on the research results of the predecessors, improving the choice, setting and treating of the indicators, analysing the needness, principle and basic theory of the entropy theory, with the former evaluation index system, this paper proposes an measurement method of the information disclosure quality by entropy theory. And then, it proves the use of entropy model to measure the information disclosure quality is scientific and effective by matching samples.

Thirdly, based on the extended analysis of the economic time line, the paper designs dynamic and laconic operating chart of listed company, and proposes theoretical models about the effect the information disclosure quality does on the cost of equity capital considering the time element. In order to analyse clearly the relationship between the information disclosure and the cost of capital, Verrecchia (1999) suggested an economic time line that endogenizes many of the important elements of this relation to display briefly the entire process of a company from launch to liquidation. By integrating the economic time line and the reality of the company operation and the extending analysis of the economic time line, this paper designs dynamic and laconic operating chart of listed company, and proposes theoretical model about the effect the information disclosure quality does on the cost of equity capital considering the time element, and has the basic conclusions: The disclosure of listed company, such as Bulletin and provisional notice, will affect the current stock investors, thus affecting its current cost of equity capital; while the annual reports will affect the stock investors in later stages, thus affecting the cost of equity capital in later stages.

Finanlly, through theoretical analysis and practical study, this paper proposes and tests that the relationships between the information disclosure quality and their cost of equity capital are: The current information disclosure quality is not relevant with its current cost of equity capital but are significantly relevant with its next first, second stages cost of equity capital and the signs are all negative. Based on the conclusions of the extending analysis of the economic time line, using the entropy and the GLS model to measure the information disclosure quality and the cost of equity capital respectively, with the empirical data of China's A – share stock market listed company, tests and confirms the stability of this conclusion. Empirical studies finds that the current information disclosure quality is not relevant with its current cost of equity capital but this relationship is unstable in smaller samples circumstances while is significantly relevant with its next first, second stages cost of equity capital and the signs are all negative and these relationships have strong stability.

目　　录

CONTENTS

第1章

绪　　论

在现代资本市场中，企业和投资者分别基于融资和投资的需要而开始寻找机会并进行交易，然而，"柠檬问题"和"代理问题"的存在阻碍了资本市场资源的有效配置，而解决的关键就在于减少信息的不对称，也就是增加信息披露，因此，会计信息披露成为了资本市场理论的重要研究领域。对于这一课题的研究，最初主要集中在会计人员和会计学科本身，如今已扩大到会计人员以外的相关人士和会计学科以外的相关学科。目前，对会计信息质量的研究可以从两方面着手：其一，用一个系统的理论框架来对会计信息质量做一全面研究；其二，由于会计信息质量涉及面甚广，就每一方面均作研究既无必要也无可能，主攻方向应是没有研究和必须深入研究的内容[1]。以己之力，用一个系统的理论框架对信息质量做一全面研究实属不可能，因此，本书以较少研究和必须深入研究的信息披露质量测度及其对股权融资成本的影响作为研究的主攻方向。

1.1　研究背景及意义

1.1.1　现实背景

（1）信息披露面临信任危机

随着证券市场的不断发展，上市公司质量已成为证券市场健康发展的生命线。而上市公司质量判断的主要的依据则是上市公司披露的信息，信息披露质量的高低将直接决定证券市场的公平性和高效性，进而影响国家乃至世界经济运行的平稳性。正如希利和帕利普（Healy, Palepu, 2001）[2]指出，投资者在向企业投资时，面临着不了解投资项目优劣的"信息问题"，而投资后又面临管理者侵占外部投资者利益的"代理问题"。信息问题和代理问题严重阻碍了资本市场资源的有效配置，而信息披露是解决这些问题的关键。上市公司希望通过信息披露获得投资者认可，投资者希望通过信息披露取得决策信息，而市场监管者则希望通过信息披露质量提高资本市场配置效率。遗憾的是，现实中，在大股东掏空上市公司、操纵股价、迎合新股上市融资和配股、避免特别处理或退市处理等利益的驱动下，上市公司的披露信息不仅没有实现为投资者揭示公司潜在风险的初衷，反而变成其发布不实信息以操纵股价或损害投资者利益的方式[3]。美欧的资本市场一向被投资者认为是世界上最完善的，而事实上，世界 500 强公司安然、世通、施乐等世界级财务舞弊案件的爆发（见表 1-1），极大地动摇了人们对美国证券市场乃至整个资本市场的信心。

表 1-1　　　　身陷舞弊案的世界 500 强公司情况表

公司名称	舞弊情况
Enron Corp.（安然）	自 1997 年以来，虚报盈利共计 12 亿美元
WorldCom（世通）	在 5 个季度中，虚增了 38 亿美元的收入和 16 亿美元的利润
Xerox（施乐）	从 1997~2001 年，虚记收入 64 亿美元，税前利润 14 亿美元
QWEST（国际通信）	涉嫌于环球电信串通作假，涉及总额 38.5 亿美元
Vivendi（威望迪寰球）	2001 年试图将出售 4 亿股天空广播股份的收益提早入账，使其盈利增加 15 亿欧元
Merck（默克公司）	过去三年中计入由公司获得的利润 124 亿美元，并非其负责企业和健康保险公司药品福利部门的实际所得
Microsoft（微软）	从公司收入中"雪藏"2 亿~9 亿美元在 7 个企业备用账户中，账户从未被公开
Boeing（波音）	1996 年与麦道合并时，向股东隐藏合并增加的上亿美元成本，并在会计上作假

　　而在我国，1993～2004年，上市公司由于信息披露行为不同程度的违规、违法而受到证监会和沪深交易所的公开谴责、批评和处罚的次数至少有402次。然而，上市公司并不引以为戒，屡教不改。一个典型的例子便是ST丰华（600615），2001～2005年，年年信息披露违规，一次都不少。尽管监管机构针对上市公司信息披露的法律和法规不断出台，但被利益冲昏头脑的上市公司仍然我行我素，肆意误导和欺骗投资者。2005年4月20日，ST东北电、飞彩股份、浙大海纳和ST金荔等四家公司披露了违规公告，创造了迄今为止同一交易日信息披露违规事项最多的纪录。如果说这些恶意造假事件仍使人心有余悸，那么，2006年中国证监会的一份份因上市公司的信息披露问题而发布的行政处罚决定书更使人触目惊心（见表1-2），将我国上市公司信息披露中存在的不真实、不充分、不及时等问题——曝光。一个又一个昔日的明星企业接连倒在信息披露质量面前，不仅极大地扰乱了资本市场秩序，而且使投资者蒙受了巨大的损失。

表1-2　2006年中国证监会行政处罚决定所涉及上市公司情况表①

公司名称	处罚原因
深本实	未按规定披露2004年年度报告
方向光电	未按规定披露对外担保信息，涉及金额约25亿元；未按规定披露关联方资金占用情况
四通高科	5笔总计金额1.875亿元的借款和114份银行承兑汇票总计金额9.7亿元未在相关定期报告中披露；部分重大协议签订后未依法履行临时公告义务
吴忠仪表	1999～2003年虚增资产1.95亿元；2003年度期初未分配利润虚增2091.92万元，2003年度虚增净利润4233.28万元，2004年度虚增净利润104.94万元，虚做销售收入391.17万元，虚结转成本583.48万元
中关村	26亿元的设备购买合同、33.9亿元担保合同未及时披露
科龙电器	2002年年度报告虚增利润11996.31万元，2003年年度报告虚增利润11847.05万元，2004年年度报告虚增利润14875.91万元；2002～2004年未披露会计政策变更及关联交易等重大事项

---

　　① 根据中国证券监督管理委员会 http：//www.csrc.gov.cn 数据整理而成。

续表

公司名称	处罚原因
天山股份	1999～2003年隐瞒表外负债33068.45万元、表外资产38833.01万元、表外收入17662.8万元、表外费用11664.26万元；共计50497万元的30笔贷款担保未进行披露；未对5000万元委托理财和与德隆国际发生的2000万元资金往来进行披露
深大通	七项担保事项金额合计4.59亿元未在2003年年报中披露
大众公用	未按规定披露2004年年度报告
方大集团	1995～2003年，虚增主营业务收入10538.51万元；虚构材料采购10548.7万元，相应虚增主营业务成本及管理费用10532.94万元；虚减应收账款及虚构应收账款收回，少提及冲回已提坏账准备1168.87万元；虚增固定资产和在建工程11932.46万元；少提长期投资减值准备200.37万元
海鸟发展	虚假披露公司实际控制人；2.7亿元对外担保有关重大事项未及时披露
中科健	2004年6.97亿元担保未及时披露；半年度报告对其担保事项的信息披露有重大遗漏
精密股份	未按期披露2005年年度报告
金荔科技	未按期披露2005年年度报告
科龙电器	未按期披露2005年年度报告
湘火炬	1997、1998、1999年年度报告分别披露虚假利润2069.73万元、582.01万元、1793.67万元；2000年报送的配股申报材料和公开披露的配股说明书中含有虚假信息；虚假披露配股募集资金的使用情况；对1.1亿元贷款提供质押担保未披露；2003年年报少计投资亏损40.36万元
华信股份	擅自变更5240万元配股资金用途且未如实披露；未按规定披露对外担保、对外重大投资、重大诉讼及资金关联占用情况
和光商务	6318万元的担保未及时披露；14笔87322万元的诉讼和仲裁事项未及时披露；未按规定披露其他担保行为
新太科技	22071万元的关联资金往来未按规定披露；2004年中报披露的财务报告多计银行存款，少计被关联方占用资金；9079.87万元的固定资产抵押事项未按规定披露；未按规定披露为大股东及其他关联方提供担保的事项
宝石电子	未按期披露2005年年度报告

（2）信息披露质量经济后果之———对股权融资成本的影响急需研究

全景网络 2001 年的一个调查[4]表明：77.53% 的个人投资者投资证券的基本目的都是为了赚取二级市场的差价，将我国证券市场看成是一个投机场所。投资目的在于控股或管理的只占 10.72%，目的在于分红的比例则更小，仅有 9.64%。投机目的的存在，使得投资者对信息披露持漠视态度。同时，由于我国信息披露机制尚不完善，上市公司为了一己私利，人为制造各种利空、利多消息，编造虚假报表，埋没、虚增利润，或者报喜不报忧，造成信息披露数量较少，质量低下。从而使得投资者难以做出合理的决策，对这些所谓的信息失去信心。加之许多上市公司的利好消息在未正式披露之前就被泄露给一些内幕人士，形成了部分投资者似乎未曾利用财务披露信息，就获取了高额回报的假象。更加深了投资者对公开披露信息的漠视，一心只想打探小道消息或"跟风"求赚。这一切似乎都表明，在我国股市，信息披露质量的变化不会对股权融资成本产生显著影响。

与此同时，2001 年 1 月，普华永道发布的一份关于"不透明指数"的调查报告显示，中国的"会计不透明指数"为 86，仅次于南非（90），在 35 个国际（地区）中列第二位，会计透明度与其他国家相比存在着明显的差距。说明我国上市公司会计信息在真实性、披露的充分性、及时性以及准确性方面存在严重的问题。而克拉克森、格德斯和汤普森（Clarkson，Guedes，Thompson，1996）[5]曾指出，"如果低透明度公司的证券是投资者持有的证券组合的重要组成部分，那么投资者的预测风险将是不可分散的"。相对于发达国家，我国股市的信息披露总体水平较低，必然会增加投资者分散预测风险的难度。故而，在我国证券市场中，通过提高信息披露质量，分散投资者预测风险，从而降低股权融资成本的可能性将大于发达国家。此外，从 2001 年开始，以开放式基金为代表的机构投资者的蓬勃发展，也使得投资者对信息披露的关注有所加强，信息披露质量对股权融资成本产生影响也有了更大的空间和可能。因此，在我国，信息披露质量的高低不同，能否引起股权融资成本的不同也急需证明。

1.1.2 理论背景

（1）信息披露质量的测度研究尚处探索阶段

正如博托桑（Botosan，1997）[6]指出的，由于信息质量很难计量，因此，很多研究者往往趋向于通过假定质量与数量正相关，来替代对信息披露质量的研究。故而在早期，对信息披露质量的研究基本上是被忽略的，相关研究不多。与信息披露数量的研究已经日趋成熟相比，信息披露质量却尚无统一的定义和较为科学的测度方法。

国外早期通过财务报告的披露数量、信息含量、财务报告盈余质量等对信息披露质量进行研究，都是使用外在替代变量进行的。由于使用外在替代变量进行测量的有效性较弱，且往往呈现的并不是对信息质量本身而是对其替代变量的研究。因此，近年来许多研究人员已经开始转向使用能够引起信息质量发生变化的内生原因作为衡量信息质量的方法。如理查德（Richard，2004）[7]采用信息披露的结构和体系、内容以及深度三个变量，通过机构的测评排名以及利益相关者对这三个变量的打分，来衡量财务报告的内在质量。金（Kim Jinbae，2005）[8]分别设计公司治理分数、审计分数、披露分数以及会计信息分数这四个变量来衡量财务报告的透明度。虽然该类研究为从财务报告质量的内生变化上来衡量披露质量提供了一个很好的框架，但是它很多变量的取值来自中介机构的测评和排名，针对性不强。

就国内而言，聂顺江（2003）[9]一书对我国典型的会计信息质量的理论和实践标准进行了汇总研究。虽然方法多样，但实际上仍然拘泥于国外研究的以信息披露数量或者主观意见来替代信息质量的范围之内。而杜晓莉（2004）[10]采用熵权评价模型，以会计信息质量、公司治理结构因素和外部相关因素三个变量衡量我国信息披露质量，为从定量角度更科学、准确地测度我国信息披露质量做出了有益的探索。但由于尚处探索阶段，因此，该文在指标的选择、设置以及处理方法上仍存在不足之处。事实上，同国外的早期研究一样，国内学者更多地采用了间接方法来研究信息披露质量，如网站排名[11~14]、信息披露数量[15]等。

（2）信息披露质量对股权融资成本的影响研究尚待深入

由于信息披露质量和股权融资成本都不可以直接观察，因此，对二者关系的研究多为探索性研究。然而，不论是早期的理论研究，如赫夫林、肯尼思和约翰（Heflin, Kenneth, John, 2001）[16]在研究信息披露质量与市场流动性的关系时，指出相对于深度的任何水平的交易规模，在相同或较低的信息不对称价差下，如果不考虑较低的报价深度，那么较高的信息披露质量将减少知情交易和交易成本。还是后来实证检验阶段的研究，如布洛姆菲尔德和威尔克斯（Bloomfield, Wilks, 2000）[17]通过实验研究表明，随着公司信息披露质量的提高，投资者愿意购买股票的价格和数量都将增加，从而增强了股票的流动性，降低公司的股权融资成本。弗朗西斯、拉芳德和奥尔森（Francis, LaFond, Olsson et al., 2004）[18]则以美国上市公司近16年数据为样本进行相应研究，发现"在控制贝塔系数、公司规模和账面市值比的条件下，信息披露质量越差的公司，股权融资成本越高"。也就是说，无论是理论研究还是实证研究，国外研究结论均表明，信息披露质量与股权融资成本之间存在负相关关系，即信息披露质量较高的公司，股权融资成本较低。

国外的相关研究结论如此，那么，我国股票市场信息披露质量对股权融资成本的影响又是怎样的呢？经过1992年起的近十年的密集发行和上市，到2001年年底，我国上市公司已经超过1000家，可供投资者选择的上市公司更多了，投资者的选择度也更大，因此，股票逐步由卖方市场向买方市场过渡。另一方面，我国股市从2001年中期开始步入熊市，从投资者的角度来看，为了获取理想的回报，投资者必须对股票的风险水平有所估量，也必然要求其加强对上市公司信息披露的关注，从而使得信息披露质量的高低越来越重要。最后，从监管者的角度来看，通过完善上市公司治理结构，提高上市公司质量，加大对信息披露违规行为的处罚力度，完善信息披露规则以及保持信息披露畅通，使得投资者更加方便、快捷地获取上市公司高质量的财务会计信息，从而提高股权融资定价的市场化程度，并最终使得信息披露与上市公司投融资行为之间的联系得到加强[11]。

从对资本市场背景情况的分析可以看出，随着我国股票市场供给、需求和监管三方的发展变化，我国股票市场已经逐步具备了信息披露质量影响股权融资成本的条件。而国内近两年内才兴起的对信息披露与股权融资成本相关性的研究也从一定程度上佐证了此结论。较有影响力的是汪炜，蒋高峰（2004）[15]以及曾颖、陆正飞（2006）[11]的研究。前者以 2002 年前在上海证券交易所上市的 516 家公司为样本，专门研究了自愿信息披露水平（透明度）与资本成本之间的关系。其结论显示，在控制了公司规模和财务风险变量后，上市公司信息披露水平的提高有助于降低公司的股权融资成本。并通过对通信产业专门进行检验，发现这种负相关关系更加显著。后者以深圳证券市场 A 股上市公司为样本，研究中国上市公司的信息披露质量是否会对其股权融资成本产生影响。研究发现，"在控制 β 系数、公司规模、账面市值比、杠杆率、资产周转率等因素的条件下，信息披露质量较高的样本公司边际股权融资成本较低"，也即信息披露质量与边际股权融资成本负相关。

但是，由于尚处于探索性研究过程中，因此，明显存在尚需深入之处。首要问题是信息披露质量变量缺乏科学的计量方法。如汪炜、蒋高峰（2004）[15]在实证过程中，对信息披露变量的测度以自愿披露（自愿披露 = 临时公告数量 + 季报数量）来替代，仅衡量了信息披露的数量，对于披露质量并没有提及；而曾颖、陆正飞（2006）[11]对信息披露质量指标计量采用了网站披露数据和盈余披露质量数据替代的方法，均需要进一步完善。其次是对信息披露质量对股权融资成本影响的时间性没有进行深入分析。黄娟娟、肖珉（2006）[19]研究发现上市公司的权益资本成本不仅受到前一年盈余信息披露质量的影响，还受到前四年盈余信息披露质量的影响，那么，作为具有同样作用的信息披露质量，在各年度之间是否具有类似关系，也尚需证明。这两方面问题的存在，使得对信息披露质量对股权融资成本的影响进行深入分析成为当前研究的迫切需要。

1.1.3 研究意义

触目惊心的数据述说着亟待解决的会计信息质量低下问题。而相关研究表明，会计信息质量实际上包含两方面的内容：一是会计信息披露的质量，二是会计信息内容的质量。我国当前企业会计信息质量问题主要表现在会计信息披露不充分、不及时和利润操纵等方面[20]。因此，本书以信息披露质量作为研究的主要目标，而不考虑会计信息内容的质量。那么，究竟什么是信息披露质量？它的具体表现形式是什么？它由什么来决定？如何将其从抽象的概念转化为可度量的评价指标从而在事前清楚地把握每家上市公司的信息披露质量状况而不是仅仅在问题出现后的哭天抢地？毫无疑问，研究上市公司信息披露质量的决定及其测度方法，为信息使用者提供决策依据，已经成为我国乃至整个世界资本市场经济秩序稳定、健康发展的紧迫问题。而以上分析所表明的我国股市信息披露质量经济后果在理论上的矛盾、复杂关系，使得我国股票市场信息披露质量经济后果更加扑朔迷离。而正是这种不确定性的存在，使得本书的研究更加具有现实意义。同时，中国证券监督管理委员会 2004 年 1 月 6 日发布的《关于进一步提高上市公司财务信息披露质量的通知》（证监会计字〔2004〕1 号），也使得本研究更具政策意义。

我国证券市场的特殊性、国外研究的更加深入细致、证券监管部门为改善信息披露现状而做的种种努力、上市公司对最优披露方式的探索和国内现有研究的匮乏及不足，都使得对我国上市公司信息披露的质量测度和经济后果进行全面探索和论证不仅更具现实价值和意义，而且迫在眉睫。可以预测，这些研究结论的发现，将不仅为我国上市公司的信息披露决策提供依据，杜绝盲目披露或者求量不求质披露行为；同时，为证券监管尤其是信息披露管理部门提供参考意见，使其对信息披露的管理更加有的放矢。从而净化我国证券市场的信息披露环境，完善信息披露制度，强化市场发现价格的功能。

1.2 研究设定与研究方法

1.2.1 研究设定

（1）研究领域设定

①信息质量是一个大集合概念，既包括信息生成过程的质量，还包括信息披露过程的质量。本书所指信息披露质量，是个狭义的概念，仅指信

息披露过程的质量，而不涵盖信息生成过程的质量。具体概念内涵，本书将在第 3 章进行界定。

②信息披露的内容。信息披露的内容很多，因此，将何种信息纳入信息披露质量测度范围至关重要。为了使本研究更具可比性和通用性，本书所指信息披露的内容，设定为《公司治理准则》中规定应披露的信息，包括股权结构、治理结构、财务信息和其他重要信息。

③会计准则是给定的外生变量。由于会计准则的出台和变更，对上市公司而言是被动的适应，且对所有公司存在影响。因此，在本书中，将不考虑会计准则对上市公司信息披露的规范作用，将其视为外生变量。

④以我国兴起阶段的证券市场为背景。本书主要以我国兴起阶段的证券市场为背景，研究上市公司信息披露的质量测度及其对股权融资成本的影响。因此，本书的理论观点、实证研究结论只有在这一特定背景下才有实际意义。

（2）研究问题设定

本书将在借鉴国内外现有研究的基础上，结合中国股市的特性，探索我国证券市场上信息披露的质量测度和对股权融资成本的影响。主要研究以下几个问题：①信息披露质量的决定机理究竟是怎样？其决定的行为主体、影响因素以及决定及测度路径是怎样的？②要对上市公司信息披露质量进行测度，需要使用哪些评价指标？③应该采用何种模型来测度上市公司信息披露质量？其必要性及理论依据为何？如何检验其有效性？④股权融资成本的内涵和测度方法为何？如何从理论上分析和实证研究信息披露质量对股权融资成本的影响？在后续章节，本书将对以上问题陆续进行解答。

（3）行为主体设定

人是证券市场的行为主体，因此，有必要对其做以特征假设。在本书中，所有参与人都是"合乎理性的人"。也就是说，每一个从事经济活动的人都是利己的。他们所采取的经济行为都是力图以自己的最小经济代价去获得自己的最大经济利益。

1.2.2　研究方法

本书以管理学、经济学、计量经济学和统计学为基础，采用规范研究与实证研究相结合的方法，在对上市公司信息披露质量与股权融资成本进行理论分析和测度的基础之上，进一步对我国上市公司信息披露对股权融资成本的影响进行实证分析。具体方法包括：

①理论分析法：通过理论分析，提出我国上市公司信息披露质量的决定及测度路径，形成"真实性"和"及时性"统驭下的共 18 个指标构成的信息披露质量评价指标体系，为进行信息披露质量的熵权评价提供理论支持；同时，进行基于经济时间轴的延伸分析，对信息披露质量对股权融资成本的影响进行理论研究。

②熵权评价法：通过熵权评价法，测度信息披露质量变量，为进行多元回归分析做变量支持。

③统计分析方法：通过非参数检验中 Mann – Whitney U 秩和检验，验证使用熵模型测度信息披露质量的有效性；同时，基于研究假设，使用多元回归分析法，对信息披露质量对股权融资成本的影响进行实证研究。

1.3　研究思路、内容及结构安排

1.3.1　研究思路

本书力图在信息披露质量的测度方法和经济后果方面做出一定突破。研究内容不趋同于对信息质量做出系统、定性、宽泛的研究，也不全面分析影响信息披露质量的政策、法规环境，只试图提出信息披露质量的测度方法，并在此基础上研究其对股权融资成本的影响。

基于此，本书从信息经济学角度出发，结合信息质量理论以及计量经济学等相关知识，在大量翻阅国内外相关学术文献的基础上，通过理论推演的方式，构建信息披露质量形成路径。随后，基于信息披露质量形成路径，在会计信息质量的真实性和及时性特征的指导下，形成由"公司治理因素"、"财务指标状况"、"外部审计状况"和"报表项目间相关关系"表征的"真实性"以及"余量时滞——时滞自由裁量权"和"报告时间指数"表征的"及时性"两类共18个指标构成的信息披露质量评价指标体系。随后，本书紧扣信息披露质量测度这一内容，运用熵权评价法，构建并实证检验信息披露质量熵测度模型的有效性，为进行有关信息披露质量的多元回归分析做变量支持。

进一步地，基于经济时间轴的延伸分析，指出上市公司的季报、半年报、临时公告等披露，将会影响当期投资者股票交易行为，从而影响其当期股权融资成本；而上市公司当期的年报披露，将会影响其后各期的投资者股票交易行为，从而影响其以后各期的股权融资成本。最后，以理论分析的结论为基础，通过多元回归等统计方法，实证检验信息披露质量对股权融资成本的影响。

1.3.2　研究内容

本书的内容分为如下7章，其中3到6章构成本书的核心部分：

第1章为绪论，主要说明研究背景、研究意义、研究界定、研究方法、研究内容及结构安排并提出拟解决的关键问题。

第2章为文献综述部分，回顾了与本书研究主题相关领域的文献：会计信息质量特征、信息披露质量评价指标、信息披露质量测度模型以及信息披露质量对股权融资成本的影响，找出本书研究的切入点。

第3章为信息披露质量测度。根据会计信息形成过程，结合会计信息质量内涵，借鉴传统会计信息质量特征，分析会计信息质量决定的行为主体；在此基础上形成本书的会计信息质量形成路径，通过对其构成要素（信息生成质量和信息披露质量）的内涵分析，界定信息披露质量，提出我国上市公司信息披露质量的形成路径。并在此基础上，形成"真实性"和"及时性"统驭下的共18个指标构成的信息披露质量评价指标体系。最后，通过对选择熵模型的必要性、熵模型的原理与理论基础的分析研究，结合信息披露质量评价指标体系，构建信息披露质量的熵测度模型。

第 4 章对信息披露质量熵测度模型的有效性进行实证检验。由于国内外对信息披露质量测度的研究尚处探索阶段，因此，尚无十分合适的对本书研究结果有效性进行验证的权威资料或方法。为了使本书第 3 章的研究结果得到一定程度的检验，本章采取配对样本比较的方法，进行信息披露质量熵测度模型有效性的实证研究。从而说明上一章构建的信息披露质量熵测度模型及其相应指标体系的有效性，为后文进行信息披露质量对股权融资成本影响的实证研究提供关键的方法支持。

第 5 章进行信息披露质量对股权融资成本影响的理论分析。虽然国内现有研究在一定程度上印证了提高信息披露有助于降低公司资本成本的论点，但是，其对信息披露质量指标计量采用了网站披露数据或盈余披露质量数据替代的方法，在方法适用性或结论可靠性上均存在需进一步完善的地方，而且，对此二者关系的分析，更多的是基于经验分析，并没有进行基于理论的深层次分析。因此，本章在前人研究的基础上，通过一般理论分析和基于经济时间轴的延伸分析，对我国上市公司信息披露质量对股权融资成本的影响进行理论分析，并据此提出研究假设。

第 6 章进行信息披露质量对股权融资成本影响的实证检验。本章以第 3、第 4 章构建并证实有效性的信息披露质量熵测度模型为基础，结合我国上市公司数据库，对第五章提出的我国上市公司信息披露质量对股权融资成本影响的研究假设进行实证检验。

第 7 章为结论与展望部分，是对以上各章的总结，并对未来研究方向进行展望。

1.3.3　结构安排

本书的研究框架如图 1 - 1 所示。

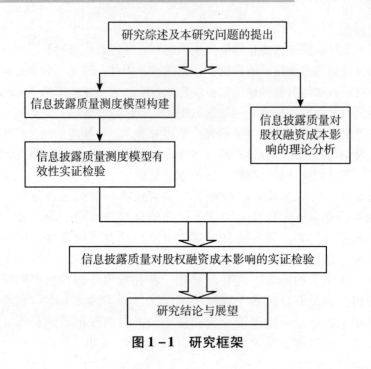

图 1-1　研究框架

1.4　主要创新点

本书的研究主要在以下几个方面作出了创新：

①勾勒信息披露质量的形成路径，并在此基础上构建我国信息披露质量的测度指标体系。虽然已有研究提出过我国信息披露质量的测度指标体系，但是，大都在理论基础上有所欠缺。本书通过理论分析，提出信息披露质量的形成路径，并在此基础上设计我国信息披露质量的测度指标体系。具体而言，在会计信息质量形成过程分析的基础上，指出信息披露质量是随着信息披露过程的进行而逐渐形成的，在年报编制阶段主要决定上市公司信息披露质量最基本的特征——真实性，而在年报对外披露阶段决定另一个主要特征——及时性。年报真实性主要由公司治理结构、财务指标状况、外部审计状况以及会计报表项目之间的相关关系四类指标来测度，而年报及时性则以年报时滞来测度。同时，基于我国上市公司信息披露质量的形成路径，以信息披露质量特征为指导，在有理有据的基础上形

成"真实性"和"及时性"指导下的、共 18 个指标构成的信息披露质量测度指标体系。

②提出并实证检验基于内生原因衡量信息披露质量的新方法。信息披露质量是不可直接观察的，学者们试图使用不同方法来进行衡量。早期通过财务报告的披露数量、信息含量、财务报告盈余质量等对信息披露质量进行研究，虽然为信息披露质量的相关研究作出了贡献，但是，却存在着诸多尚待改进之处。因此，本书充分借鉴国内外的研究成果，改善前人在指标的选择、设置以及处理方法上的不足之处，并通过对选择熵模型的必要性、熵模型的原理及理论基础的分析研究，结合前面提出的信息披露质量测度指标体系，构建信息披露质量的熵测度模型。并以配对样本比较的方法，证实使用熵模型测度信息披露质量的有效性。

③对经济时间轴进行延伸分析，设计上市公司动态简化营运图，构建考虑时间性的信息披露质量对股权融资成本影响的理论模型。为了能更好地理解信息披露与资本成本之间的关系，韦雷基亚（Verrecchia，1999）提出了涵盖二者关系中诸多要件的经济时间轴，简要演示了一个公司从发起到清算的全过程。本书将韦雷基亚的经济时间轴的时点与现实公司营运相结合，进行经济时间轴的延伸分析，通过设计上市公司动态简化营运图，构建信息披露质量对股权融资成本影响的理论模型，并得到基本结论：上市公司的季报、半年报、临时公告等披露，会影响当期投资者股票交易行为，从而影响其当期股权融资成本；而上市公司当期的年报披露，会影响其后各期的投资者股票交易行为，从而影响其后各期的股权融资成本。

④通过理论分析与现实考察，提出并实证检验信息披露质量对股权融资成本的影响。现有研究大多使用信息披露质量的替代变量，一般性得出上市公司信息披露质量与其当期股权融资成本负相关的结论，而不考虑其对以后各期的影响。因此，本书在经济时间轴延伸分析结论的基础上，结合现有一般研究结论，提出上市公司信息披露质量与其当期的股权融资成本不相关，与其后第一期（下期）、第二期的股权融资成本负相关的研究假设。并以我国上海和深圳证券市场 A 股上市公司数据作为分析样本，熵模型和 GLS 方法分别作为信息披露质量和股权融资成本的测度方法，证实假设，并检验了结论的稳定性。研究发现：上市公司信息披露质量与其当期股权融资成本不相关的假设成立，但在样本较少情况下稳定性不高；上市公司信息披露质量与其后第一期（下期）、第二期股权融资成本负相关的假设不仅成立，而且具有较强的稳定性。

第 2 章

文 献 综 述

　　相关文献表明，信息披露质量已成为跨学科的研究，研究内容丰富、庞杂。因此，本书无意对有关信息披露质量的所有文献进行回顾，而是重点关注理论界对于信息披露质量特征、影响因素、测度方法以及其经济后果方面的研究。依据研究内容，本章将按递进地顺序安排相关部分；而在每一部分，又将遵循先国外后国内的顺序。

2.1　会计信息质量特征

2.1.1　国外相关研究

　　虽然称谓不尽相同，但是，通过对主要国家会计准则制定机构的网站检索，还是可以得到一些国家对会计信息质量特征进行的专题研究成果或会计概念框架公告。例如，国际会计准则委员会、美国财务会计准则委员会、英国财务报告准则委员会、澳大利亚会计准则委员会、加拿大会计准则委员会、马来西亚会计准则委员会都有会计信息质量特征的专门规范，其中美国是最早研究会计信息质量特征的国家之一。而日本会计准则委员会、法国会计准则委员会、中国会计准则委员会虽然没有发现以会计信息质量特征为题的文献，但是在这些国家的一般会计原则公告或会计概念框架的文告中有相应的表述。本书将这些资料整理归类，如表 2 - 1 所示[22]。

表 2 - 1   国外会计信息质量特征描述汇总表

国家或组织	对会计信息质量特征的描述
IASC	可理解性、效益大于成本、相关性、可靠性、可比性、及时性等
美国 FASB	可理解性、效益大于成本、相关性（预测价值、反馈价值、及时性）、可靠性（可检验性、中立性、如实反映）、可比性（包括一致性）、重要性等
英国 ASB	相关性、预测价值、证实价值、可靠性、如实反映、中立性、谨慎性、完整性、可比性、一致性、会计政策的充分披露、可理解性、在质量标准间均衡、及时性、效益大于成本
加拿大 CICA	可理解性、相关性（预测价值、反馈价值、及时性）、可靠性（如实反映、可检验性、中立性、稳健性）、可比性（包括一致性）等
马来西亚 MASC	可理解性、相关性、及时性、重要性、可靠性、可验证性、完全披露性、实质重于形式、中立性、谨慎性、完整性、可比性、一致性等
日本 JASC	真实性、明了性、谨慎性等
德国	真实与公允、合法性、审慎性、可比性、一致性、及时性、明晰性
法国	真实与公允、合法性、审慎性

2.1.2 我国相关研究

随着我国会计法规体系的建立与完善，我国对会计信息质量特征的认识也在不断深化。本书对国内相关重要文献资料进行整理，得到表 2 - 2。

表 2 - 2   国内重要文献资料会计信息质量特征描述汇总表

法规或作者	对会计信息质量特征的描述
《企业会计准则》	可靠性；相关性；可比性；一致性；纪实性；可理解性；谨慎性；完整性；重要性
葛家澍 (1996)[23]	公允性（真实性、中立性）、可靠性（如实反映、可检验性）、一致性、可比性、及时性

法规或作者	对会计信息质量特征的描述
吴联生 (2000)[24]	可靠性（可核性、中立性、实质重于形式、谨慎性）、相关性、可比性、充分性（完整性、重要性）
葛家澍，刘峰 (2003)[25]	可靠性（真实性、完整性、可检验性、如实反映）、公允性（中立性）、可比性、充分披露、及时性
裘宗舜，吴清华 (2004)[26]	相关性（预测价值、反馈价值、及时性）、可靠性（可核性、中立性、如实反映、完整性）、可比性、清晰性
刘骏 (2005)[1]	可靠性（审慎性、如实反映、可核性、中立性、实质重于形式）、相关性（预测价值、反馈价值）、可理解性、可比性、及时性、成本与效益关系

2.2 信息披露质量评价指标

2.2.1 国外信息披露质量评价指标

事实上，对信息披露进行评价的早期研究更多的是基于数量上的考量，并以此作为质量的模糊替代。最为著名的当属博托桑（Botosan，1997）[6]，她以背景信息、历史信息、关键性非财务信息、预测信息和管理层讨论与分析共五个一级指标，自行设计披露指数来衡量信息披露水平。而能够真正衡量信息披露质量本身的测度指标，应该是引起信息质量发生变化的内生原因，由于此种方法的研究近年来才刚刚开始，因此，信息披露质量评价指标的选择也正处于起步阶段，现有研究资料相对匮乏。此后，理查德（Richard，2004）[7]在研究年度财务报告透明度时，以信息披露的结构体系、内容以及深度为评价指标，通过某些机构的测评排名以及利益相关者对这三个变量进行打分，来衡量财务报告的内在质量。具体见式（2-1）。

$$财务报告透明度得分值 = \frac{(1 \times 结构体系) + (1 \times 内容) + (2 \times 深度)}{4} \times 100\%$$

$$(2 - 1)$$

随后，金（2005）[8]在研究韩国公司透明度问题中，分别设计了公司治理分数、审计分数、披露分数以及会计信息分数这四个变量来衡量财务报告的透明度。具体而言，公司治理子指数又通过关联公司持股小于10%、公司董事选举使用总票数、公司每年举行10次或更多次的董事会议、董事会中外部董事至少占70%、年度股东大会，至少有10%的小股东参会五个指标来评价；审计子指数通过公司有审计委员会、审计委员会每年碰头4次或以上、外部审计机构部提供非审计服务三个指标来评价；披露子指数通过公司引导投资者关系的活跃性、自愿披露数量高于行业平均水平、披露修改次数低于行业平均水平、有对内部审计人员或审计委员会的报告、没有违反披露规则的行为、没有因内部交易而遭受处罚、有英文版披露七个指标来评价；会计信息子指数则通过盈余管理程度和收益质量两个指标来评价。梁、莫里斯和格雷（Leung，Morris，Gray，2005）[27]则通过构建"信息披露指数"度量会计信息披露质量。具体做法为：首先，将国际财务报告准则（IFRS，2004）披露清单中的披露条目作为一个基本标准，包括：编报总原则、收益表、资产负债表、股东权益变动表、现金流量表、会计政策、解释性注释、反映股价变动的信息和通货膨胀的信息等9个部分共440个条目，然后与《披露准则第2号》比较，最终确定强制性披露条目203个（46%）、自愿性披露条目237个（54%）。各文具体的信息披露质量评价指标如表2-3所示。

表 2-3   国外信息披露质量评价指标汇总表

理查德 (2004)[7]	金（2005）[8]	梁、莫里斯和格雷 (2005)[27]
信息披露的结构体系 信息披露的内容 信息披露的深度	关联公司持股小于10% 公司董事选举使用总票数 公司每年举行10次或更多次的董事会议	强制性披露条目203个 自愿性披露条目237个

理查德 （2004）[7]	金（2005）[8]	梁、莫里斯和格雷 （2005）[27]
	董事会中外部董事至少占70% 年度股东大会，至少有10%的小股东参会 公司有审计委员会 审计委员会每年碰头4次或以上 外部审计机构部提供非审计服务 公司引导投资者关系的活跃性 自愿披露数量高于行业平均水平 披露修改次数低于行业平均水平 有对内部审计人员或审计委员会的报告 没有违反披露规则的行为 没有因内部交易而遭受处罚 有英文版披露 盈余管理程度 收益质量	

2.2.2　我国信息披露质量评价指标

就我国而言，同国外一样，对信息披露进行评价的部分研究也更多的是基于数量上的考量，如达谭辉（2005）[28]以无形资产信息、历史信息、非财务行信息、预测信息以及管理层讨论与分析等五大类41个指标，制定信息披露评分表，对高新技术上市公司的年度报告进行评分。真正从质量上考量信息披露质量的研究还处于探索阶段，如杜晓莉（2004）[10]指出对信息披露的判断，主要从真实性、完整性与及时性三个方面来进行，并以会计信息质量、公司治理结构因素和外部相关因素三个指标衡量我国信息披露质量。其中，会计信息质量又以盈利质量、偿债能力质量、营运能力质量和经营状况质量四个指标来衡量；公司治理结构因素以董事会、监事会、股权结构、内部人控制四个指标来衡量；外部相关因素以关联交易、审计类型、报送及时性和年报编制质量四个指标来衡量。李丽青，师

萍 (2005)[29]针对当前我国企业会计信息失真的形式，吸收传统的财务比率分析方法和现在较流行的现金流量分析方法中的一些合理之处，参考《国有资本金效绩评价规则》中的评价体系和指标，利用资产负债表、利润表、现金流量表进行跨表的综合分析，构建了由四个一级测评指标组成的二层结构的评价指标体系。其中，四个一级测评指标分别为充分披露程度、会计政策一致程度、现金流量质量度以及收入资产质量度，各个一级测评指标下又分别设计了若干个二级指标。田昆儒，齐萱，张帆 (2006)[30]通过对会计信息本身质量、披露过程质量、会计信息生成过程质量影响因素进行细化分析，提出设立信息披露质量分析框架的设想，在一定程度上为进行信息披露质量的定量测度提供了指标支持。孙宁 (2007)[31]根据研究需要，建立了一个评分标准作为衡量信息披露总体质量的指标。各文具体的信息披露质量评价指标如表 2 - 4 所示。

表 2 - 4　　　　　国内信息披露质量评价指标汇总表

杜晓莉 (2004)[10]	李丽青、师萍 (2005)[29]	田昆儒、齐萱、张帆 (2006)[30]	孙宁 (2007)[31]
股权结构 董事会 监事会 内部人控制 审计（意见） 类型 报送及时性 年报编制质量 盈利质量 偿债能力质量 营运能力质量 经营状况质量 关联交易	充分披露程度 会计政策一致程度 现金流量质量度 收入资产质量度	会计信息质量基本因素 前瞻性及其专项披露因素 披露过程质量一般因素 披露过程质量反馈因素 信息生成过程基础因素 信息生成过程控制因素	非财务信息（11 项） 财务信息（9 项）

2.3　信息披露质量测度方法

2.3.1　国外信息披露质量的测度

（1）信息披露数量替代

博托桑（1997）[6]指出，在进行披露水平（数量）与股权融资成本关系的研究时，信息质量也是一个非常重要的因素。但是，由于信息质量很难计量，因此，很多研究者往往趋向于通过假定质量与数量正相关，来替代信息披露质量对股权融资成本影响的研究。事实上，在这类研究中，对信息披露质量的研究基本上是被忽略的。随后，为了研究的需要，诸多研究人员开始使用财务报告的披露数量来衡量财务报告质量。而财务报告披露数量既包括 SEC 规定的披露、审计公司要求的披露，也包括了不规则的、错误的披露，与信息质量的内涵相差甚远。对此，后续研究人员做了相应调整，指出自愿披露的数量更能反映财务报告的质量，并在分析报告质量时大量使用自愿披露信息。采用此类方法的研究如博托桑（Botosan，1997）[6]、博托桑和普拉姆利（Botosan，Plumlee，2002）[32]、洛茨和韦雷基亚（Leuz，Verrecchia，1999）[33]等。就国内而言，汪炜，蒋高峰（2004）[15]在实证过程中，就以自愿披露（自愿披露＝临时公告数量＋季报数量）作为披露质量的替代变量。

（2）信息含量替代

对信息含量的关注为对信息质量的研究另辟蹊径。其主要方法是采用资本市场对财务报告公布后的反应以及管理当局或财务分析师对未来盈余的预期与实际的差额来衡量财务报告质量。前一种方法的基本思想是，如果信息报告公布可以向资本市场传递信息，那么它就会引起价格等的变化，故而通过测量股票的价格或其他市场反映指标就可以衡量财务报告的信息含量。早期的如格兰特（Grant，1980）[34]就致力于证实信息含量和市场反映的关系。但是早期的研究还只停留在信息含量与市场反映的相关性上，直到近年来，许多研究人员才通过衡量资本市场的反应来深入挖掘财务报告披露的质量。如列夫和契亚格拉杰（Lev，Thiagarajan，1993）[35]开始用盈余反应系数和预期盈余增长来衡量盈余披露质量。阿尔乔姆（Artyom，2003）[36]在其博士论文中也继续用股票价格的变化来衡量财务报告的透明度。而后一种方法则是利用财务分析师的预测与实际公布数值的差额来替代信息质量，它主要侧重衡量财务报告的准确性。其基本思想是，分析师的预测误差越小，那么公司的信息披露质量就越高。近年来，采用这类方法的学者还有朗和朗霍姆（Lang，Lungholm，1993）[37]，森克塔（Senqupta，1998）[38]，赫夫林、肯尼思和约翰（2001）[16]以及蒋（Hsiang-tsai Chiang，2005）[39]。

（3）盈余质量替代

即以财务报告的盈余质量来替代信息质量，从而达到研究信息质量的目的。盈余质量是指公司披露的盈余对其盈余水平的如实反映程度，或者说盈余的确认是否同时伴随相应的现金流入。使用财务报告的盈余质量来替代信息质量，主要表现在由琼斯（Jones，1991）[40]首创的报告盈余质量的模型，直接计算财务报告的盈余质量，作为实证中的信息质量的测度。国外研究中，而本着"盈余是一种最重要、最综合、投资者最为关心的信息，盈余质量是会计信息质量的一个典型代表"[41]的理念，如米歇尔和罗伯特（Michelle，Robert，2004）[42]，赖安、詹妮和帕梅拉（Ryan，Jenny，Pamela，2005）[43]、巴塔查里亚、道胡克和维克尔（Bhattacharya，Daouk，Welker，2003）[44]、弗朗西斯、库拉纳和佩雷拉（Francis，Khurana，Pereira，2005）[45]、阿布迪、休斯和刘（Aboody，Hughes，Liu，2005）[46]、杰斯曼和艾尔兰（Gietzmann，Ireland，2005）[47]等的研究都采用了这一方法。其中，巴塔查里亚、道胡克和维克尔（2003）[44]设计了收益激进度、损失规避度和收益平滑度三个指标以及三个指标的联合——总收益不透明度来度量收益不透明度；弗朗西斯、库拉纳和佩雷拉（2005）[45]采用当期应计总额与滞后期、当期和未来期现金流量的回归残差的标准差来衡量盈余质量；而阿布迪、休斯和刘（2005）[46]采用多期应计额与多期现金流量的回归残差的绝对值来衡量盈余质量。

（4）应计项目质量替代

关于用应计项目质量衡量会计信息质量的中心思想是：如果一个企业组织的收入和费用所引起的可认可的应计项目的上升或下降应该导致现金流的变化，在统计上得不到显著关系，那么会计信息质量就值得怀疑。德肖和迪切夫（Dechow，Dichev，1998）[48]认为如果现金流与可认可的应计项目之间的误差和是相等的，不管高于还是低于，会计信息质量都是相等的。他们认为应计项目不能立即影响到现金流当期的充分调整，可能会在随后的时期予以实现和发生，因而应将应计项目作为一个整体来评估。到2002年，德肖和迪切夫[49]继续研究应计项目和现金流的关系时，进一步完善了应计项目的质量模型，见式（2-2）：

$$A_t = CF_{t-1}^t - (CF_t^{t+1} + CF_t^{t-1}) + CF_{t+1}^t + \varepsilon_{t+1}^t - \varepsilon_t^{t-1} \qquad (2-2)$$

式中：

A_t——第 t 期可认可的应计项目；

CF_t^s——第 s 期确认，于第 t 期收回的现金；也就是说，CF_t^{t-1}，CF_t^{t+1}，CF_{t-1}^t，CF_{t+1}^t 分别表示前一期确认于本期收回的现金、后一期确认于本期收回的现金、本期确认前一期实现的现金以及本期确认后一期实现的现金。

ε_t^s——第 s 期确认的应计项目与第 t 期收回的现金流之间的估计误差；则 ε_{t+1}^t 是指本期确认的应计项目与后一期现金流之间的估计误差，而 ε_t^{t-1} 是指前一期确认的应计项目与本期现金流之间的估计误差。

该模型提供了一种关于应计项目和现金流关系的描述，并找到了衡量应计项目质量的关键因素——应计项目估计误差，误差越大，应计项目的质量越差，反之，误差越小，应计项目的质量越好；另外，该模型还提供了应计项目与前期、当期以及后期现金流的关系，为后来的研究提供了模型参考和研究方向。但是，该模型中的各个变量很难从现有的财务数据中获得，因此，为了便于实证研究，德肖和迪切夫使用经营性现金流量（CFO）进行替代，则实证估计模型为：

$$A_t = b_0 + b_1 \times CFO_{t-1} + b_2 \times CFO_t + b_3 \times CFO_{t+1} + \varepsilon_t \qquad (2-3)$$

麦尼克（McNichols，2002）[50]则并不认同上述说法，反而认为如果当期的现金流比可认可应计项目高，那么财务信息的质量就高，反之质量就低。通过修正了上述模型，该文认为销售收入和固定资产水平这两个解释变量对估计当期应计项目同样十分重要，将这两个变量加到上述模型中能够增进模型的解释力，减少度量误差，则模型转化为：

$$A_t = b_0 + b_1 \times CFO_{t-1} + b_2 \times CFO_t + b_3 \times CFO_{t+1} + b_4 \Delta Sales_t + b_5 PPE_t + \varepsilon_t$$

$$(2-4)$$

而弗朗西斯、拉芳德、奥尔森等人（2005）[51]为了便于各公司间应计项目质量的比较，对式（4）中各变量同时除以平均总资产，得到了较为完善的模型，即式（2-5）：

$$\frac{A_t}{Assets_t} = \varphi_0 + \varphi_1 \frac{CFO_{t-1}}{Assets_t} + \varphi_2 \frac{CFO_t}{Assets_t} + \varphi_3 \frac{CFO_{t+1}}{Assets_t} + \varphi_4 \frac{\Delta Rev_t}{Assets_t} + \varphi_5 \frac{PPE_t}{Assets_t} + \nu_t$$

$$(2-5)$$

式中：

A_t——Δ 资产 - Δ 负债 - Δ 现金 + Δ 流动负债；

$Assets_t$——t 年和 $t-1$ 年的平均总资产；

CFO_t——Δ 资产 - Δ 负债 - Δ 现金 + Δ 流动负债 - 摊销费用和折旧；

ΔRev_t——t 年和 $t-1$ 年公司主营业务收入的变化；

PPE_t——t 年固定资产水平。

在该模型中，应计项目质量 = $\sigma(\hat{v}_{j,t})$，即估计误差的标准差。该值越大，应计项目质量越差，反之，应计项目质量则越好。随后，弗朗西斯、南达和奥尔森（Francis，Nanda，Olsson，2005）[52]，赖安、詹妮和帕梅拉（2005）[43]也运用该模型进行了实证研究。

（5）权威机构排名或考核结果

即以权威机构关于公司信息披露的排名或考核结果作为信息披露质量的表征变量。许多学者采用了此种方法，如朗和朗霍姆（1993，1996）[37][53]，在研究公司自愿信息披露与公司规模关系时，采用了财务分析师协会（FAF）提供的数据。弗朗西斯、库拉纳和佩雷拉（2005）[45]在以 34 个国家 18 个行业的 856 家公司为样本进行信息披露与资本成本关系的研究时，采用国际金融分析与研究中心（CIFAR）编制的披露指数来度量披露水平。而布希和诺埃（Bushee，Noe，2000）[54]在研究信息披露质量与未来股票收益波动性之间的关系时，以投资管理协会（AIMR）信息委员会公布的上市公司信息披露排名作为研究依据，类似研究还有维克尔（1995）[55]、森克塔（1998）[38]，希利、赫顿和帕利普（Healy，Hutton，

Palepu, 1999)[56]，齐、吴和霍（Qi, Wu, Haw, 2000)[57]等。

（6）信息披露质量的指标测度

以上对信息质量的研究，都是使用外在替代变量进行的。由于使用外在替代变量进行测量的有效性较弱，且往往呈现不是对信息质量本身而是对其替代变量的研究的现象。因此，近年来许多研究人员已经开始转向使用能够引起信息质量发生变化的内生原因作为衡量信息质量的方法。

如理查德（2004)[7]在研究年度财务报告透明度时，采用信息披露的结构和体系、内容以及深度这三个变量，通过某些机构的测评排名以及利益相关者对这三个变量进行打分，以此来衡量财务报告的内在质量。梁、莫里斯和格雷（2005)[27]则通过构建"信息披露指数"度量会计信息披露质量。具体做法为：首先，将国际财务报告准则（IFRS, 2004）披露清单中的披露条目作为一个基本标准，包括：编报总原则、收益表、资产负债表、股东权益变动表、现金流量表、会计政策、解释性注释、反映股价变动的信息和通货膨胀的信息等9个部分共440个条目，然后与《披露准则第2号》比较，最终确定强制性披露条目203个（46%）、自愿性披露条目237个（54%）。金（2005)[8]在研究韩国公司透明度问题中，分别设计了公司治理分数、审计分数、披露分数以及会计信息分数这四个变量来衡量财务报告的透明度，前三个变量依据韩国证券交易所对2003年所有上市公司的调查来测量，第四个变量则是德肖等人使用的应计项目与现金流的关系来衡量盈余质量的模型来测量。另外，金通过回归模型的相关性检验还发现公司规模、资产负债率、ROE以及行业等因素会影响到公司透明度高低，其中公司规模及获利能力对财务透明度的影响最为显著。

2.3.2　我国信息披露质量的测度

事实上，同国外的早期研究一样，国内学者更多地采用了间接方法来研究信息披露质量，如信息披露数量、财务报告盈余质量、应计项目质量和深交所公布的上市公司信息披露考核结果等。如王亮飞、潘宁（2006)[58]在检验会计盈余及时性对股权结构的影响时，以会计盈余及时性作为度量会计信息透明度的指标。黄娟娟、肖珉(2006)[19]在收益透明度与权益资本成本之间关系的研究中,以我国证券市场 1993～2001 年实施增发配股的上市公司为样本,采用巴塔查里亚、道胡克和维克尔(2003)[44]构建的"会计盈余不透明程度"指标来衡量我国上市公司信息披露质量。李明毅,惠晓峰(2008)[59]在检验上市公司信息披露与资本成本的相关性时,也以盈余质量作为信息披露水平的替代变量。崔伟、陆正飞(2008)[60]在实证检验会计信息透明度对董事会规模和对立性的影响时,以盈余时效性来表示信息透明度。罗竟男(2007)[61]在检验会计信息质量与信息披露水平之间相关性时,则以弗朗西斯、拉芳德和奥尔森等人[51]的应计项目质量衡量我国会计信息质量。

深交所考评结果及相关机构排名也是我国学者研究中常用的计量方法,如曾颖、陆正飞(2006)[11]不仅以深盈余激进度和盈余平滑度表征的盈余披露质量间接替代信息披露质量,还以深交所对深圳证券市场上市公司信息披露质量的评级进行二次计量。齐伟山、欧阳令南(2005)[13]在研究会计信息披露质量与会计信息价值相关性时,也以深交所已经公布的从信息披露的及时性、准确性、完整性和合法性四方面分等级评价,同时考虑上市公司所受奖惩情况以及与深交所的工作配合情况而综合形成最终考评结果(四个等级,即不及格、及格、良好和优秀)作为信息披露质量的替代变量。雷东辉、王宏(2005)[62]在研究信息不对称与权益资本成本时,以经济观察研究院设计的"公司信任度标准"(EO-RI)计算并公布的上市公司信任度指数作为信息披露质量的替代变量。夏立军、鹿小楠(2005)[63]在进行上市公司盈余管理与信息披露质量相关性的研究时,以上市公司是否被交易所公开谴责为标准来衡量上市公司信息披露质量。黄志良、周长信(2006)[12]在研究产权、公司治理、财务经营状况与信息披露质量之间的关系时,以深交所考评为优秀的公司为参考,将信息披露质量转化为一个二分类的变量。即变量的数值为 0 和 1(0 表示上市公司信息披露质量为非优秀,1 表示上市公司信息披露质量为优秀)。杨红、杨淑娥(2006)[64]在进行信息披露与权益资本成本之间关系研究时,以 www.dongshihui.net 网站披露的、连成国际关于我国上市公司透明度及诚信排名作为信息披露质量的替代变量。刘斌、吴娅玲(2007)[65]、王雄元、刘焱(2008)[66]、王雄元、沈维成(2008)[67]在进行公司信息披露质量研究时,均以深交所的信息披露考核结果作为信息披露质量的替代变量,不同的是,前者将优秀和良好的信息披露质量赋值为

1，其他的赋值为 0；而后两者具体赋值方法是：优秀为 5，良好为 4，及格为 3，不及格为 2。而张宗新、杨飞、袁庆海（2007）[68]、王茜（2008）[69]则采取不及格取值为 1，及格取值为 2，良好取值为 3，优秀取值为 4 的取值方式。

随着研究的发展，旨在度量信息披露质量本身的研究也陆续出现。如杜晓莉（2004）[10]采用熵权评价模型，以会计信息质量、公司治理结构因素和外部相关因素三个变量衡量我国信息披露质量。虽然该文采用的熵权评价方法，较好地解决了指标权重设置中的主观性问题，但是，该文指标选择的理论依据缺失、指标设置以及处理方法上均存在尚需继续完善之处。李丽青、师萍（2005）[29]则通过构建由四个一级测评指标组成的二层结构的评价指标体系，采用综合评价模型，对信息披露质量进行了定量研究。而具体在指标权重设置上，该文选择了会计领域中有名望的学者、专家和会计实业界的会计、审计实务专家及上市公司的财务总监共 20 人组成专家调查组，就指标权数和样本企业的定性指标进行打分。然后，对问卷调查表的项目进行分类、归纳，采用加权平均法对专家的打分整理出评价结果。虽然 20 人的专家组可以从一定程度上保证打分的专业性，但主观程度过大仍然是这一方法的弊端。向凯（2007）[70]在研究董事会特征对会计信息披露质量的影响时，则以梁、莫里斯和格雷的方法构建"信息披露指数"来度量会计信息披露质量，孙宁（2007）[31]则分别采用构建信息披露质量评分标准和盈余披露质量两种方法进行信息披露质量测度。同样地，高强、伍丽娜（2008）[71]在研究中也采用了两种方法进行信息披露质量测度，分别为深交所考评结果和经济观察研究院 2004 年公布的公司信任度标准。

表 2 – 5　　　我国最近研究中信息披露质量测度方法

文章	测度方法
齐伟山等（2005）[13]	深圳证券交易所：深圳证券市场上市公司信息披露质量评级
黄志良等（2006）[12]	深圳证券交易所：深圳证券市场上市公司信息披露质量评级

续表

文章	测度方法
王雄元、刘焱 (2008)[66]	深圳证券交易所：深圳证券市场上市公司信息披露质量评级
王雄元、沈维成 (2008)[67]	深圳证券交易所：深圳证券市场上市公司信息披露质量评级
曾颖、陆正飞 (2006)[11]	深圳证券交易所：深圳证券市场上市公司信息披露质量评级 盈余激进度、盈余平滑度
张宗新、杨飞、袁庆海（2007）[68]	深圳证券交易所：深圳证券市场上市公司信息披露质量评级
夏立军、鹿小楠 (2005)[63]	上市公司是否被交易所公开谴责
黄娟娟、肖珉 (2006)[19]	会计盈余不透明程度
雷东辉、王宏 (2005)[62]	经济观察研究院：公司信任度标准（EORI）
高强、伍丽娜 (2008)[71]	深圳证券交易所：深圳证券市场上市公司信息披露质量评级 经济观察研究院：公司信任度标准
罗竟男 (2007)[61]	应计项目质量
杨红、杨淑娥 (2006)[64]	连成国际关于我国上市公司透明度及诚信排名
杜晓莉 (2004)[10]	熵权评价模型
李丽青、师萍 (2005)[29]	综合评价模型
向凯（2007）[70]	信息披露指数
孙宁（2007）[31]	信息披露质量评分标准 盈余披露质量

2.4　信息披露质量对股权融资成本的影响

2.4.1　国外信息披露质量对股权融资成本的影响研究

（1）理论研究文献

正如博托桑[6]指出的，由于信息质量很难计量，因此，早期关于信息质量对股权融资成本影响的研究大多地处于理论分析阶段。最早从理论角度揭示信息披露与资本成本之间关系的是巴里和布朗（Barry，Brown，1985）[72]，该文提出了一个资产定价模型，"其中，投资者根据上市公司公开披露的信息对股票回报的参数进行估计。投资组合中有两种股票：一种具有较多信息；另一种具有较少信息"。理论分析表明，"投资者主观地预期股票回报的方差是信息数量的减函数，所以，对于信息数量较少的股票，投资者预期回报的方差较大，其面临的风险也较大，要求的回报也相应较高"[72]。而默顿（Merton，1987）则发现，"当公司的信息披露无法达到要求时，投资者在对该公司的股票进行估值时，将要求信息风险溢价，从而会增加公司的资本成本。优质上市公司为区别于劣质上市公司，就会采取措施向潜在的投资者传递相应的信息以减少信息不对称，降低资本成本"[73]。基斯彻赫特（Kirschenheiter，1997）[74]在研究信息质量与相关信号时指出，在自愿披露一个有关某资产的有成本的信号时，如果管理者按照成本与市价孰高法的原则披露，那么其股价将因为投资者对其施予的惩罚成本而降低；反之，如果管理者按照成本与市价孰低法的原则披露，那么其股价将因为投资者对其附加的预期获益额而提高。虽然该文未直接研究信息披露质量与资本成本的关系，但是，它也间接的表明了信息（号）质量将引起资本成本的变化。

洛茨和韦雷基亚（1999）发现，"处于德国 GAAP 要求下的公司的信息披露水平较低，一些转而遵从被认为信息披露要求较高的 IAS 或美国 GAAP 公司，其买卖价差减少、交易量升高，资本成本中的信息不对称部分降低"[33]。赫夫林、肯尼思和约翰（2001）[16]在研究信息披露质量与市场流动性的关系时，指出相对于深度的任何水平的交易规模，在相同或较低的信息不对称价差下，如果不考虑较低的报价深度，那么较高的信息披露质量将减少知情交易和交易成本。交易成本是公司股权融资成本的重要组成部分，因此，该文也间接表明了信息披露质量与股权融资成本的负相关关系。而申（Shin，2003）[75] 则通过 "二元定价树" 来刻画上市公司的信息披露过程。他认为，"随着信息披露的继续，股票回报的不确定性逐步降低，并证明，如果将信息披露分为 2 个阶段，投资者根据第 1 阶段的股票回报来预测第 2 阶段的股票回报，那么，第 2 阶段股票回报的条件方差是第 1 阶段股票回报的函数。此时，信息披露有助于消除这种阶段性披露后的 '剩余不确定性'" [75]。

而洛茨（2004）[76] 的研究则将上市公司投资决策、信息质量和资本成本联系起来。与传统研究采用一个正态随机变量来刻画股票未来价值不同，他们将股票未来价值定义为 "关于单位投资随机回报的二次函数，并假定上市公司的经理以股价最大化为目标选择投资项目（即决定二次函数的待定系数）为股东带来现金流量，同时，经理向投资者公开披露的信息会影响股票价格，进而影响投资者要求的回报"。实际上，信息披露起到协调经理投资决策和投资者行为的作用。高质量的信息披露能更好地协调二者的行为，所以投资者要求的回报下降。此外，伊斯利和欧哈拉（Easley，O'Hara，2004）[77] 通过一个理性预期均衡模型证明，"私人信息数量的降低能减少交易者预期回报，或者说资本成本"。李（Li，2005）[78] 采用一个随机过程来描述股票的不确定价值，以预期股利增长率来刻画上市公司向投资者披露的公共信息，并证明 "质量较低的公共信息导致股票价值评估过程中的预测误差，从而增加股票风险贴水和股票回报的波动性"。兰伯特、洛茨和韦雷基亚（Lambert，Leuz Verrecchia，2005）[79] 在多资产环境下，假设 "投资者可以买卖多种股票，并将股票的预期回报简化为未来现金流量和预期未来现金流量之间的协方差"，并证明 "上市公司披露的会计信息的质量对资本成本具有影响"。

（2）实证研究文献

随着研究的进一步深入，围绕信息披露的实证研究陆续出现，表明交易信息越充分，市场透明度越高，市场的有效性就越强；假如信息不对称不能解决，对于已有的股东、公司出售股票或发行债券成本将会增加[80~86]。随后，专门针对信息披露对股权融资成本影响的实证研究也不断出现。最早从经验角度检验二者关系的是博托桑[6]，她通过构建公司年报信息披露指数，选用122家工业公司作为研究样本，研究发现，"对于分析师跟踪较少的公司而言，信息披露水平越高，权益资本成本越低"。几年后，博托桑和普拉姆利[32]在扩大样本的基础上，进一步考察不同类型的信息披露与权益资本成本之间的关系。研究发现，"分析师跟踪较少的公司其权益资本成本与前瞻性信息和关键非财务指标的披露数量负相关，分析师跟踪较多的公司其权益资本成本与历史信息的披露水平负相关"。

布洛姆菲尔德和威尔克斯（2000）[17]通过实验研究表明，随着公司信息披露质量的提高，投资者愿意购买股票的价格和数量都将增加，从而增强了股票的流动性，降低公司的股权融资成本。布希和诺埃（2000）[54]使用AIMR的披露总分，发现信息披露总质量较高的公司，可以吸引长期投资者，从而减少未来股票收益的波动性；但是，信息披露总量较多的公司，将会得到相反的结果，因为它们将吸引基于大量短期收益信息进行操作的短期机构期投资者。巴塔查里亚、道胡克和维克尔（2003）首次利用国际间的面板数据研究了披露信息的质量与权益资本成本之间的关系。通过提出"收益不透明度"概念，设计收益激进度、损失规避度和收益平滑度三个指标以及三个指标的联合——总收益不透明度来度量收益不透明度，研究结果表明，"在控制其他因素的影响之后，公司收益不透明度越低的国家，权益资本成本越低，交易量越高"[44]。

弗朗西斯、拉芳德和奥尔森等人（2004）[18]则以美国上市公司近16年数据为样本进行研究，发现"在控制贝塔系数、公司规模和账面市值比的条件下，信息披露质量越差的公司，股权融资成本越高"。波莎克威尔和柯蒂斯（Poshakwale，Courtis，2005）[87]的研究则提供了金融产业的经验证据，他们以披露指数为表征指标，对欧洲、北美和澳大利亚的135家银行进行研究。结果表明，"信息披露显著地降低资本成本"。弗朗西斯、库拉纳和佩雷拉（2005）则采用国际金融分析与研究中心（CIFAR）编制的披露指数，通过对34个国家、18个行业的856家公司的研究表明，"越依赖外部融资的公司，披露水平越高；披露水平越高的公司，资本成本越低"[45]，从而提供了该研究的国际比较经验证据。阿布迪、休斯和刘（2005）[46]采用应计额与现金流量的回归残差的绝对值来衡量信息披露。对美国上市公司的分析表明，盈余质量与股票回报显著负相关。杰斯曼和艾尔兰（2005）[47]以盈余质量作为披露水平的替代变量，以会计政策（激进或保守）作为控制变量，以 2002 年年底在伦敦证交所上市的 158 家 IT 公司为样本，研究证明，"披露质量与资本成本负相关"。

2.4.2 我国信息披露质量对股权融资成本的影响研究

就国内而言，近年来对股权融资成本的关注度显著提高，但更多的是处于基础理论的探讨和比较，对信息披露与股权融资成本相关性的研究却是近些年才兴起的。其中，汪炜、蒋高峰（2004）[15] 以 2002 年前在上海证券交易所上市的 516 家公司为样本，专门研究了自愿信息披露水平（透明度）与资本成本之间的关系。其结论显示，在控制了公司规模和财务风险变量后，上市公司信息披露水平的提高有助于降低公司的权益资本成本。叶康涛、陆正飞（2004）[88] 在进行中国上市公司股权融资成本影响因素分析时，以企业资产规模和多元化指标作为信息不对称的替代变量，在多因素回归分析中，证明企业规模与企业权益资本成本正相关。而按照该文的假设，企业规模与其信息不对称程度负相关，因此，其最终的结论可以引申为信息不对称程度与企业股权融资成本负相关。曾颖、陆正飞（2006）[11] 以深圳证券市场 A 股上市公司为样本，研究中国上市公司的信息披露质量是否会对其股权融资成本产生影响。研究发现，"在控制 β 系数、公司规模、账面市值比、杠杆率、资产周转率等因素的条件下，信息披露质量较高的样本公司边际股权融资成本较低"[11]。孙宁（2007）[31] 采用上海证券市场的数据对股权融资成本与信息披露质量之间的关系进行研究，发现在控制企业所面临的经营风险、企业的财务水平等影响上市公司股权融资成本因素的条件下，信息披露质量越高的上市公司，其股权融资成本越低。

此外，黄娟娟、肖珉（2006）[19] 进行了收益透明度与权益资本成本之间关系的研究。他们以我国证券市场 1993～2001 年实施增发配股的上市公司为样本，以"会计盈余不透明程度"作为我国上市公司信息披露质量的替代指标，对我国上市公司信息披露质量与融资权益资本成本之间的关系进行了实证检验。发现"在控制了市场风险、经营风险、面值市值比、公司规模、流动性、每股股利、公司成长率、无风险利率等影响因素之后，盈余透明度与权益资本成本之间存在显著的负相关关系，印证了在我国特定的制度环境中信息透明度的提高同样有助于降低权益资本成本"。

而且，研究还发现"上市公司的权益资本成本不仅受到前一年盈余信息披露质量的影响，还受到前四年盈余信息披露质量的影响，因而上市公司管理者为了降低公司在融资的权益资本成本，应该持之以恒地致力于保持较高的信息披露质量"[19]。

陆颖丰（2006）[14]的研究则是针对信息透明度与权益资本成本间关系的直接研究。他以深交所公布的上市公司信息披露考核结果作为信息透明度的测度指标，用 GLS 剩余收益模型计算权益资本成本，考察了 2001～2002 年深市上市公司信息透明度对其权益资本成本的影响。研究发现，"总体来看上市公司的信息透明度越高，其权益资本成本就越低。而且在控制了上市公司的盈利水平、公司规模、市净率和杠杆率等因素后，上市公司信息透明度与资本成本之间仍旧显现出显著的负相关关系。这说明，上市公司信息及信息披露质量的提高对公司的资本成本具有明显的降低效应。也可以说，上市公司及其管理层出于自身的利益也有动力提高公司的信息透明度"。吴战篪、乔楠、余杰（2008）[89]在研究信息披露质量与股票市场流动性的关系后，提出信息披露充分的公司，市场流动性越好，市场越会通过流动性奖励的角度对其进行奖励，使公司得到更多的市场利益，降低融资成本。李明毅、惠晓峰（2008）[59]以盈余质量作为信息披露水平的替代变量，检验了上市公司信息披露与资本成本的相关性。结果表明，对于采取保守盈余政策的 366 家公司，盈余保守度与资本成本显著负相关；而对于采取激进盈余政策的 136 家公司，盈余激进度与资本成本没有显著关联。

2.5 本书研究计划提出

前述表明，可靠性和相关性作为会计信息质量特征的主要标准，在 FASB 和我国《企业会计准则》以及我国诸多学者构建的会计信息质量标准中的超然地位早已表露无遗。因此，本书同样以 FASB 和我国《企业会计准则》都作为主要质量特征的可靠性和相关性作为信息披露质量基本标准，并将及时性作为相关性的子因素，即相关性取决于预测价值、反馈价值和及时性三因素。

信息披露质量评价指标的选取，将直接决定测度模型的结果，并最终决定对上市公司信息披露质量的评定。因此，谨慎和有理有据就成为指标选取的重要标准。博托桑（1997）[6]和达谭辉（2005）[28]的研究虽然对进行信息披露评价提供了方法上的借鉴，但是，由于此类研究更多的是基于数量上的考量，因此在进行信息披露质量测度时，指标本身的可借鉴性并不大。理查德（2004）[7]的研究通过某些机构的测评排名以及利益相关者对信息披露的结构体系、内容以及深度三个变量进行打分来实现，针对性不强，而且主观色彩较重。金（2005）[8]的研究虽然是对公司信息披露质量测度的一次重要尝试，但不可否认的是，其前三个变量（公司治理分数、审计分数、披露分数）均依据韩国证券交易所对 2003 年所有上市公司的调查来测量，具有极强的国家色彩，部分指标对我国公司的适用性有待商榷。而杜晓莉（2004）[10]虽然是基于我国国情的一次有益探索，但是，其对指标选取的依据交代甚少，使得指标的选取说服力不强，缺乏理论支持。田昆儒、齐萱、张帆（2006）[30]通过对会计信息本身质量、披露过程质量、会计信息生成过程质量影响因素进行细化分析，提出设立信息披露质量分析框架的设想，在一定程度上为进行信息披露质量的定量测度提供了指标支持。然而，由于该文的研究目标在于提出设立信息披露质量分析框架的设想，故而，只对相关因素进行了理论分析而并未进行定量研究，相关因素的定量可操作性有代检验。因此，本书将对现有信息披露质量评价指标进行整合，在理论研究的基础上，构建具有特色的、能够全面和综合反映信息披露质量的评价指标体系。

就信息披露质量的测度方法而言，早期通过财务报告的披露数量、信息含量、财务报告盈余质量、权威机构评价结果等对信息披露质量进行研究，虽然为信息披露质量的相关研究做出了贡献，但是，却存在着许多尚待改进之处：如披露数量，虽然比较容易度量（如字数、句子数量和页数等），但是，"披露数量多本身并不必然导致高质量，为了实现高质量，必须提供及时、准确、相关和充分的定性与定量信息披露"[90]。以信息披露数量作为透明度的衡量指标，其设定假设是："上市公司提供的披露是真实可靠的，并且所披露的信息都能为外部投资者所'看到'；但实际上我国上市公司出于各种动机，操纵会计收益来粉饰财务报表的做法切实存在"[91]。因此，以信息披露数量衡量透明度有其不足之处。同样地，信息含量的两种方法都是建立在有效市场假设的前提下的，但是，相关研究表明，我国股票市场虽然正在走向有效但尚未实现有效[92~94]，故而，其实用价值或者对现实状况的解释力度将大打折扣。在财务报告盈余质量的计算中，虽然此类项目的高估或低估是影响财务报告质量的一个重要方面，但不能从整体上反映信息质量的状况，尤其，存在表外项目粉饰的情况下，这种方法的有效性值得考证。权威机构评价结果具有综合性、权威性较好而且简单易行、能避免研究者主观判断的优点，但不可否认的是，此类评价结果往往来自于中介机构或监管机构，具有较强的自我目的性，并不一定适用于各个研究者的研究目的。而且，对我国而言，仅有深交所的信息披露考核结果而没有上交所的信息披露考核结果，一般研究都仅以深交所上市公司为例，忽略上交所的上市公司，结论却适用于整个中国证券市场，略有不妥。而随后出现的使用能够引起信息质量发生变化的内生原因作为衡量信息质量的方法，为信息披露质量的研究提供了一个新的契机。但是，由于该类研究尚处探索阶段，很多变量的取值来自中介机构的测评和排名，针对性不强，在指标的选择、设置以及处理方法或指标权重设计上仍存在不足之处。因此，本书将充分借鉴国内外的研究成果，改善前人在指标的选择、设置以及处理方法上的不足之处，对信息披露质量决定因素进行整合，构建我国上市公司信息披露质量测度指标体系，建立基于熵理论的我国上市公司信息披露质量定量测度模型，为投资者准确把握我国上市公司信息披露质量的整体和个体状况、进行投资决策提供方法和数据支持。

虽然关于信息披露质量对股权融资成本影响的研究已逐渐为学界所关注，但尚处于探索性研究过程中，明显存在尚需深入之处。首先，信息披露质量变量缺乏科学的计量方法。如汪炜、蒋高峰（2004）[15]在实证过程中，对信息披露变量的测度以自愿披露（自愿披露＝临时公告数量＋季报数量）来替代，仅衡量了信息披露的数量，对于披露质量并没有提及；而已有研究表明，我国上市公司会计信息质量与自愿性披露程度没有相关性[95]，且用信息披露数量衡量信息披露质量显然过于拙劣[96]。曾颖，陆正飞（2006）[11]、陆颖丰（2006）[14]、黄娟娟、肖珉（2006）[19]、李明毅，惠晓峰（2008）[59]等对信息披露质量指标计量采用了深交所考评结果或盈余披露质量数据替代的方法，而已有研究表明，目前深交所考评结果中，信息披露的质量只能划分为 4 个等级，区分度很小[97]，盈余披露质量数据不能全面概括信息披露质量，均需要进一步完善。其次，对信息披露质量对股权融资成本影响的时间性没有进行深入分析。黄娟娟、肖珉（2006）[19]的研究虽然发现上市公司的权益资本成本不仅受到前一年盈余信息披露质量的影响，还受到前四年盈余信息披露质量的影响，但是，作为更具综合性的信息披露质量，在各年度之间是否具有类似关系，尚需证明。因此，本书将在建立科学、合理的信息披露质量测度模型的基础上，运用我国上市公司数据，对我国上市公司信息披露质量对股权融资成本的影响进行深入研究。

2.6 本 章 小 结

本章主要对国内外相关研究现状及理论进行综述。首先，对会计信息质量特征的研究文献进行详细分析，指出可靠性和相关性是信息披露质量衡量的普遍标准，并将及时性作为相关性的子因素。其次，对信息披露质量影响因素及测度模型做了深入分析，指出前人在指标的选择、设置以及处理方法上的不足之处，表明本书将对信息披露质量决定因素进行整合，构建我国上市公司信息披露质量测度指标体系，建立我国上市公司信息披露质量的定量测度模型。最后，对信息披露质量对股权融资成本的影响研究进行了综述，指出我国在这一研究领域尚存诸多尚待完善之处：如信息披露质量变量缺乏科学的计量方法，现有以信息披露数量、深交所考评数据或者盈余披露质量数据替代信息披露质量的计量方法需要进一步完善；在二者关系的研究中，理论层面的、深层次的分析以及考虑时滞的研究均尚为欠缺。因此，本书最后将在建立科学、合理的信息披露质量测度模型的基础上，运用我国上市公司数据，深入研究我国上市公司信息披露质量对股权融资成本的影响。

第3章

信息披露质量测度模型构建

欲对我国上市公司信息披露质量对股权融资成本的影响进行实证研究，首要问题就是选取何种指标来衡量我国上市公司的信息披露质量。在已有研究中，汪炜、蒋高峰（2004）[15]、陈向民、林江辉（2004）[98]在研究相同的信息披露质量对股权融资成本影响的问题时，由于采用的信息披露质量表征指标不同，得出了截然相反的结论，可见信息披露质量替代指标的选择，将会对相关的实证研究产生重大影响。从而表明，信息披露质量测度指标的优劣，将对全书研究产生至关重要的影响。因此，本章从考察信息披露质量的相关问题出发，结合对会计信息质量特征、会计信息质量决定行为主体会计信息质量的形成路径及构成要素的分析，引出在我国现行制度环境和信息环境下宜采用的信息披露质量测度指标和测度方法，并在此基础上，构建信息披露质量测度模型。

3.1 会计信息质量相关问题界定

3.1.1 主要概念辨析

（1）会计信息

显然，会计信息是会计与信息概念的交集。本书借用杨世忠教授的定义，即会计信息是对一个单位的经济活动的记录及对其财务状况、经营成果的描述[22]。它是一种反映主体价值运动的经济信息，是对经济事项的数量说明，基本形式是数据及定义或数据加说明。根据其在会计工作流程中的不同环节，会计信息可以分为会计凭证、会计账簿、会计报表、分析报告以及财务报告，其形成路径及分类见图 3 - 1。

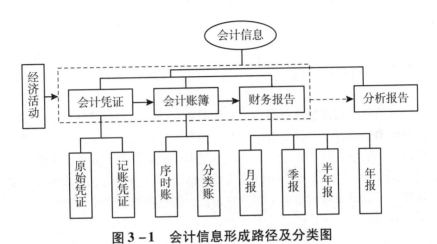

图 3 - 1　会计信息形成路径及分类图

虽然会计信息的表现形式多种多样，但是，由于会计凭证和会计账簿均为公司会计信息的内部资料，不对外公开，作为利益相关者的投资者无法获取相关信息。因此，本书不对会计凭证和会计账簿类会计信息作研究。而分析报告形式的会计信息本身差异性、不确定性较大，无法给予通用的评价和测度，故该种形式的会计信息亦不属于本书研究范围。因此，本书以财务报告对外提供的会计信息作为研究重点。

但由于目前上市公司对外披露的财务报告包括季报、半年报和年报三种，限于个人研究精力，不可能对此三种报告分别研究。而相关研究表明，在我国，上市公司各类公开信息对投资者决策的重要程度中，年度报告被排在第一位[99]；国外研究也表明，在进行公司信息披露对权益资本成本影响的研究中，年报披露比其他规定文件的披露更能解释权益资本成本的变化[17]。因此，本书仅以公司年报为例进行相关问题论述。事实上，由于季报、半年报与年报在形式和内容上有诸多相似之处，因此，本书认为，本研究方法也在一定程度上适用于此两类报告。

具体到公司年报，我国发布的新准则中规定，公司年报是对企业财务状况、经营成果和现金流量的结构性表述，至少应包括资产负债表、利润表、现金流量表以及所有者权益变动表和附注这五部分。考虑到所有者权益变动表是新准则首次规定编制，本书也不将其列为研究的内容。另外财务报表附注是三张报表的补充信息，且每个公司的差异性非常大，为了突出研究重点，本书也不关注财务报表附注，而仅注重研究资产负债表、利润表及现金流量表这三大报表的信息质量，并将这三大报表的信息质量作为会计信息质量的替代变量。

（2）信息披露质量

要对信息披露质量进行界定，首先需要对会计信息质量进行说明。会计信息质量不仅仅是会计监管中的关键问题，也是会计理论研究，尤其是经验研究中的一个核心问题[41]。虽然，国内外关于会计信息质量的已有研究是比较丰富的，但是在经济高速发展的今天，会计信息质量的界定依然是理论界和实务界的难点，到目前为止，依然没有较为全面和统一的表述。众所周知，质量是产品或服务所具有的一种特性和特征，是一种相关的、能满足消费者需求的能力，而且质量必须接受一定标准的衡量。要正确地把握会计信息披露的质量特征，首先应弄清楚质量的基本涵义。

国际标准化组织（ISO）在 TC 176/DIS 8402—《质量保证——词汇》中这样认为"产品、过程或服务满足规定或内在需要的特征和特性的总和。"英国标准 BS4778—《质量保证名词术语汇编》对质量下的定义是：产品或服务的全部特征和特性，能满足给定要求能力的总和。我国国家标准"GB6583：1—86"——《质量管理和质量保证术语第一部分》对质量的定义为：产品、过程或服务满足规定或潜在要求（或需要）的特征和特性总和。美国著名质量管理专家朱兰博士认为，质量是表征实体满足规定或隐含需要能力的特性的总和[100]，既从收益角度也从成本角度阐述了质量的概念。

就会计信息质量而言，会计信息的质量是通过若干有用性的"特征"加以体现的，这些特征相互关联、相互补充，从而构成一个"特征系"。然而，这一"特征系"内各"特征"之间并非可以自动实现协调一致，常常需要做出取舍和权衡[101]。由于关于会计信息质量的表述至今尚未达到统一，所以在现有的研究中经常将之与公司信息披露、信息披露水平、自愿披露、信息透明度等研究混合起来。虽然也有相当一部分有关会计信息质量的独立研究，但是从总体而言很难将其完全分开，因此在对会计信息质量进行界定时，要结合信息披露、信息披露水平、自愿披露、信息透明度等相关研究。彭诺（Penno，1997）[102]从系统观的视角出发，认为会计信息产生于会计信息系统，因此会计信息质量取决于会计信息系统的质量。希利和帕利普（2001）[2]认为会计信息披露是因"信息问题"和"代理问题"而形成的经理层和外部投资者之间的信息不对称和代理冲突而产生的。在研究会计信息质量时，维什瓦纳斯和考夫曼（Wishwanath，Kaufmann，1999）[103]、考夫曼和克雷（Kaufmann，Kraay，2002）[104]将透明度定义为"各类信息（包括经济、社会和政治信息）可靠、及时地流动，以便于所有利益相关者的信息获取，而且其必须具备可获取、可理解、相关以及优质可靠四要素"。而布什曼和史密斯（Bushman，Smith，2003）[105]则认为信息披露水平是指可靠相关的反映上市公司经营成果、财务状况、投资机会和风险、公司治理和价值等信息的可获得程度。同时，马克（Mark，2006）[106]认为，会计信息系统存在着信息不对称，企业的经营者控制着会计信息系统，因此，相对于其他利益相关者，经营者拥有更充分、更及时、更私密的会计信息；而其他利益相关者也必须借助信息系统所发布的会计信息来了解企业的财务状况、经营成果及现金流量等方面的信息进行经济决策。因此，会计信息质量就是指会计信息系统缓解信息不对称的程度。

就国内而言，刘心雨、张楚堂（2004）[107]认为，上市公司的信息披露的质量是上市公司所披露信息与其基本面的相关度、及时度、可靠度等。孙铮、杨世忠（2005）[22]在分析朱兰博士质量概念的基础上，指出会计信息质量是指会计信息满足信息使用者需求的特征的总和。这个是对会计信息质量一个较为准确的定义，但是，较为笼统，可操作性较差，需要予以细化。田昆儒、齐萱、张帆（2006）[30]认为会计信息披露质量是指社会公认的会计主体提供的会计信息能够满足会计报表使用者共同需要应具备的特征。具体地认为，会计信息披露质量就狭义而言指的是所披露的会计信息本身质量，而广义的会计信息披露质量则是一个大集合，既包括所披露的会计信息本身质量，又包括披露过程的质量，还嵌套了会计信息生成过程的质量。该文的论述较为具体，增强了可操作性，但是，其设定的概念主体为会计信息披露质量，与会计信息质量的外延、内涵均有所不同，因此，值得借鉴但仍需完善。朱国鸿，孙铮（2004）[108]将会计信息质量定义为是由相关性、可靠性、可比性、一致性等按照既定的层次结构和各自的定义组成的会计信息质量特征。虽然使得操作性更强，但是，这更多地被认为是据以判断会计信息质量高低的标准，而不是一个定义的表述。林钟高、李洁（2006）[109]在其《契约视角下的会计信息质量：综述与启示》总结了该视角下的会计信息质量研究。文中指出，缔约者要想签订一个包括对付未来随机事件详尽的契约条款在现实条件下是不可能，同样，会计契约虽然在很大程度上能够保证会计信息的质量，但作为契约本身所固有的特性局限及其契约运行环境的障碍，会计信息质量也就同时拥有了契约的局限性。因此，会计信息质量也因为契约本身的局限以及契约各方势力的不均衡出现了高低之分[110]。该视角定义的会计信息质量便于从经济学基础中寻找依据，对制度改革和思路创新起到很好的促进作用，但是，该视角对会计信息质量本身的内涵界定相对比较模糊，因此量化研究依然存在困难。罗竟男（2007）对此进行了更进一步的研究，她指出会计信息质量就是会计信息系统所生产的信息能否客观如实地反映企业真实状况的程度，并提出可以采用弗朗西斯模型对会计信息质量进行测度[61]。陈千里（2007）[111]认为，上市公司信息披露质量是指上市公司信息披露活动的整体质量，其评价方法一般为，建立信息披露的质量特征标准，对上市公司在一定时期（通常为一年）的信息披露行为进行打分，对分数综合后得到反映上市公司信息披露整体质量的度量。彭敏、杨晶（2007）[112]指出上市公司信息披露是指上市公司将直接或间接地影响到投资者决策的重要信息以公开报告的形式提供给投资者。信息披露质量是指根据特定的原则而作出的对上市公司所披露信息的总体评价，主要包括可靠性原则、相关性原则、及时性原则、重要性原则、充分披露原则、统一性原则。刘文军、米莉（2008）[95]则认为，会计信息质量是公司治理水平的一个集中反映，是向广大投资者传递有关公司经营状况等信息的重要途径。

综上所述，本书认为，系统观视角下的会计信息质量研究回归到了信息质量的产生根源，便于实证研究通过整合影响会计信息系统的相关因素来测度会计信息质量。因此，本书也借鉴该视角下的内涵界定，即会计信息质量是指会计信息满足信息使用者需求的特征的总和。

根据会计信息形成过程，结合会计信息质量内涵，本书形成了简化的会计信息质量形成路径（如图3-2所示）。即：会计信息质量的形成是一个始于上市公司会计循环，止于利益相关者认知和决策的循环过程。在每个会计期间，通过上市公司的会计循环，使其经营过程中的各项交易事项数据在经过会计确认、会计计量和会计记录三个阶段后，生成会计报告；

而后，根据上市公司信息披露的相关规定，上市公司在会计报告的基础上，形成经过外部审计的上市公司年报并予以公开披露，而投资者则根据公开的上市公司年报信息，形成投资决策，从而最终影响上市公司的经营管理，进入下一期的会计信息质量形成过程。事实上，会计信息质量的这一形成过程主要经历了两个阶段：上市公司会计循环和年报披露，对应地，形成了会计信息质量的两个要素：信息生成质量和信息披露质量。

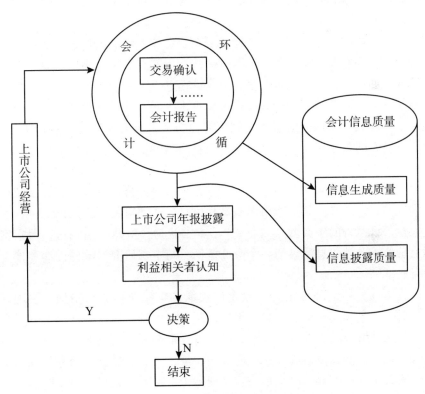

图 3 - 2　会计信息质量形成路径

在会计信息的生成系统中，交易事项数据必须通过会计确认、会计计量、会计记录和会计报告四个阶段，才能最终从财务报告中反映出来，提供给会计信息使用者。其中，会计确认是依据一定标准，确认某经济业务事项，应记入会计账簿，并列入会计报告的过程。包括要素项目确认和时间确认。会计计量是用货币或其他量度单位计量各项经济业务及其结果的过程。其特征是以数量（主要是以货币单位表示的价值量）关系来确定物品或事项之间的内在联系，或将数额分配于具体事项；关键是计量属性的选择和计量单位的确定。会计计量是将财务会计信息量化的过程，它包括在广义的会计确认范畴中。会计记录是指各项经济业务经过确认、计量后，采用一定方法在账户中加以记录的过程。而会计报告又称财务会计报告，是指以账簿记录为依据，采用表格和文字的形式，将会计数据提供给信息使用者的书面报告。因此，本书所指信息生成质量，就是对上市公司会计确认、计量、记录和报告四个阶段的整体评价，是对公司整个会计循环过程质量的考量与评判，类似于其他学者所称的会计信息内容的质量[20]。

上市公司的信息披露是指凡影响股东、债权人或潜在投资者等信息使用者对公司的目前和将来做出理性判断的、影响其决策行为的信息，都应按照规范的标准公之于众。它是解决会计信息需求者与生产者之间信息不对称问题的重要工具，影响和决定着资本市场的有效程度和社会资源的配置效率。而关于信息披露质量，到目前而言，似乎并无较为通用的界定。而且，已有的大多研究，均是对会计信息质量的全面概括。如上市公司信息披露水平是公司与产品市场和资本市场竞争对手之间披露博弈的结果，这一结果又被人们称为公司透明度。它是上市国内公司资源披露和强制披露程度的综合反映，是资本市场质量和信息效率的重要评价标准之一，也是资本市场监管的主要政策目标[113]。本书认为，虽然称谓相似，但它实际上是关于会计信息质量的一个全面概括，与本书研究对象的内涵和外延均有所不同。

我国《公司治理准则》中规定应披露的信息包括股权结构、治理结构、财务信息和其他重要信息。因此，基于前人研究结论，结合本书对会计信息质量形成路径的分析结论，即可得到本书所指信息披露质量。具体而言，它仅指信息披露过程这一环节的质量，是对通过会计信息生成系统形成的关于公司内部的股权结构、治理结构、财务信息和其他重要信息面向社会公开传递的上市公司信息披露过程的整体评价。

3.1.2 会计信息质量特征及其关系分析

美国财务会计准则委员会（FASB）1980年5月发布的第2号公告（SFAC No.2）——《会计信息的质量特征（标准）》，如表3-1所示[1]4。下面，本书将立足于该质量特征，进行信息披露质量特征的相关问题分析。

表 3 – 1　　　　美国 FASB 的会计信息质量标准（1980）

会计信息质量特征（标准）

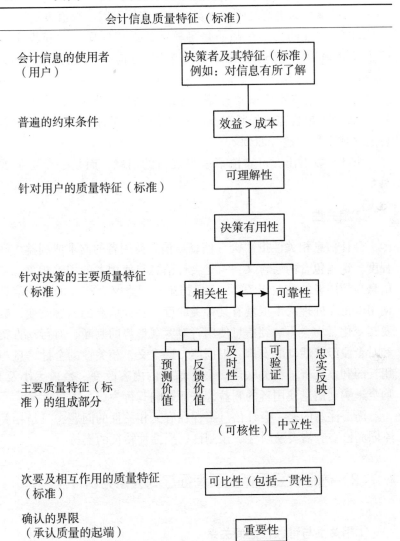

会计信息的使用者（用户）	决策者及其特征（标准） 例如：对信息有所了解
普遍的约束条件	效益 > 成本
针对用户的质量特征（标准）	可理解性
	决策有用性
针对决策的主要质量特征（标准）	相关性 ←→ 可靠性
主要质量特征（标准）的组成部分	预测价值　反馈价值　及时性　可验证　忠实反映 （可核性）　中立性
次要及相互作用的质量特征（标准）	可比性（包括一贯性）
确认的界限（承认质量的起端）	重要性

（1）信息披露质量主要特征的界定

①可靠性

美国财务会计准则委员会（FASB）1980 年 5 月发布的第 2 号公告

（SFAC No. 2）中归纳了关于可靠性的三个特征：

1）可靠性的主要品质是真实性，真实性可以用数值表示程度；

2）可靠性的另一个品质是可核性，即用同样方法和程序在不同时间重新处理财务报告数据时，可得出与前一时点财务报告相同的结论。

3）财务报告不应追求分厘不差的"精确可靠"，而应追求"大致可靠"，即财务报告描述的状况基本符合公司状况即可，否则不符合财务报告的"成本与效益"原则。

由此可以看出，可靠性不是黑或白的问题，而是一个更强或更弱的关系。

②相关性

会计信息相关性指"会计信息与信息使用者的需求或利益之间的关联程度。这里包含两层含义：一是会计信息与使用者的需求相关，二是会计信息与使用者的利益相关"[1]。根据第一层含义，相关的会计信息与信息使用者正在处理的事项具有某种关联度。会计信息的内容改变、数值大小及其变化，均会影响到信息使用者对客观形势的判断、对行动方案的取舍和对企业经营活动的安排。根据第二层含义，相关性的会计信息与信息使用者的利益具有某种关联度。会计信息的内容改变、数值大小及其变化，均会影响到信息使用者的利益，进而影响其行为。

需要注意的是，会计信息不存在有无相关性的问题，只是相关性强弱不同而已。它需要及时性、预测性、反馈性特征的支持。

（2）信息披露质量主要特征之间关系分析

①相关性与可靠性之间关系

如表3-1所示，美国财务会计准则委员会（FASB）在第2辑（论财务会计概念）（SFAC No. 2）即《会计信息的质量特征》中明确提出了会计良好信息应具备的首要质量特征：相关性和可靠性。

理论上，会计信息的最高境界当然是相关性和可靠性均较强，二者的同时增加，无疑会大大提高会计信息质量。然而事实上，"可靠性与相关性常常互相冲击。为了加强相关性而改变会计方法，可靠性会有所削弱，反之亦然"[114]。会计信息质量的两个决定因素可以由图3-3表现[22]。

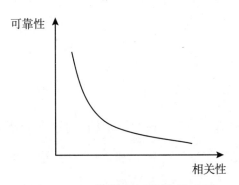

图3-3 可靠性与相关性关系图

显然，会计信息质量的相关性与可靠性之间呈负相关关系，且曲线较为陡峭，相关性的提高将以可靠性的较大牺牲为代价。

②相关性与及时性之间关系

关于相关性与及时性的关系，主要有两类观点：包含与不包含。美国财务会计准则委员会（FASB）认为，一项会计信息是否具有相关性，取决于以下三个因素：预测价值、反馈价值和及时性，我国的裴宗舜、吴清华（2004）[26]也持有同一观点。而国际会计准则委员会（IASC，1989）却认为相关性应由预测作用、证实作用和重要性三个因素决定，将及时性划在相关性之外，我国的刘骏（2005）[1]则对这一观点予以支持。

具体到对二者的关系辨析，孙铮、杨世忠（2005）[22]认为，"及时性是从时间角度对信息相关性的保证。信息的相关性虽然并不是由及时性决定的，但是，失去及时性的信息，也就同时失去了相关性。对信息使用者来说，及时的信息对决策所起的作用要比滞后的信息更具相关性。"国际会计准则《编报财务报表的框架》第45段指出："信息的报告如果不及时披露，就可能失去相关性"[115]。

③可靠性与及时性之间关系

国际会计准则（IASC）《编报财务报表的框架》第45段还指出："及时性和可靠性的各自优点应该进行权衡，为了在及时的基础上提供信息，在了解某一交易或事项的所有各方面之前就进行报告，可能会影响可靠性。相反，如果在了解某一交易或事项的所有各方面之后再报告，信息可能极为可靠，但用处可能很小。要在及时性和可靠性之间达到平衡，决定性的问题是如何最佳的满足使用者的经济决策需要"。而王建玲，张天西（2005）[116]则通过图 3－4，指出当财务报告披露时，为提高及时性质量而尽早披露，可能会丧失可靠性质量，同样，为了提高可靠性质量而进行详细、精确的数据整理及验证，可能又会丧失信息的及时性。因此，及时性质量系数曲线与可靠性质量系数曲线的交点，恰恰可以达到双方的均衡，而它所对应的点则是在满足年报基本可靠的前提下及时性质量系数达到最大化的披露时点。

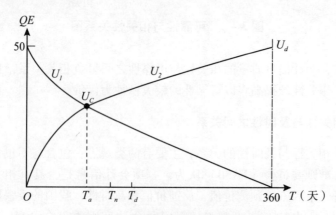

图 3－4　可靠性与及时性关系图

注：QE 轴为年报质量系数；T 轴为可供年报披露的时间；0 表示会计年度结束日；U_1 为及时性质量系数曲线；U_2 为可靠性质量系数曲线。

④本书观点：以真实性和及时性为主要标准

可靠性和相关性作为会计信息质量特征的主要标准，在 FASB 和我国《企业会计准则》以及我国诸多学者构建的会计信息质量标准中的超然地位早已表露无遗。因此，本书选择以 FASB 和我国《企业会计准则》都作为主要质量特征的可靠性和相关性作为信息披露质量标准，并将及时性作为相关性的子因素，即相关性取决于预测价值、反馈价值和及时性三因素。

事实上，虽然相关性取决于预测价值、反馈价值和及时性三因素，但是基于下面的两个原因，相关性中的预测价值和反馈价值确定仍很困难[22]："一是从信息使用者的角度看，相关性要根据使用者的要求来确定，但使用者要求的表达却往往很不通畅，信息的取得只能依赖会计人员的提供而无权加以指定；二是从信息提供者的角度看，会计人员在提供信息时，虽然知道相关性会因使用者的要求不同，其相关程度也有所不同，但要了解并满足不同角度、不同层次使用者的所有要求是不可能的，信息提供的盲目性不可避免。解决问题的办法即是通用财务报表的流行，这是一种对信息计量——传递侧重和兼顾的折衷。"

基于此，本书将以真实性替代可靠性、及时性替代相关性，即以真实性和及时性作为衡量会计信息质量的标准。而在真实性与及时性的关系上，本书将兼顾真实性与及时性，以满足年报真实可靠前提下的及时性作为衡量标准。

3.1.3　会计信息质量考核的约束条件及方法

（1）普遍约束条件

①效益大于成本

效益大于成本是市场经济中的普遍约束条件，研究信息披露质量特征体系时也不例外。因为任何过于昂贵的东西对于有理性的市场主体而言都是不可思议的。就信息披露而言，其成本主要包括两个方面：1）为进行信息披露所发生的直接的人工成本、物质成本、财务成本；2）为满足质量要求而使自身处于不利竞争地位的相关间接成本。而信息披露的效益则更多地表现为公司通过信息披露在资本市场上获得的如资本成本降低、筹集资金量增加、公司形象提高等。事实上，对上市公司而言，信息披露的成本和效益是不可能精确计算和度量的，而效益大于成本这一约束条件成立与否也会因公司、公司目标、时间、地点等的不同而不同。

②重要性

作为一个重要的质量属性，重要性构成了承认财务信息质量起端的重要因素[22]。尽管作为一种筛选标准或机制，重要性对会计确认、计量、列报和披露都应该适用。但在其他质量要求比如完整性、真实性等不放松的前提下，重要性更多的是作为会计信息列报与披露的一种指导。

（2）质量考核方法——真实性与及时性之间的权衡

核心质量构成要素之间的此消彼长是不可避免的理论结果和现实结论。在面对具体权衡问题时，为达到信息披露质量最大化这一目标，需要在构成要素之间进行权衡。真实性和及时性是一对存在内在冲突的质量特征，如果强调更高程度的真实性，很可能会牺牲一定的及时性，从而加剧市场不对称状态；反之，如果过分强调及时性，将有可能使年报缺乏基本的真实性，对市场行为并无益处。因此，权衡的主要方面是在各构成要素的最低要求达到之后，其相互间的取舍与重要性排序。本书认为，针对我国特殊的会计环境，在核心质量构成要素之间进行权衡的过程中，应在确保各构成要素达到最低要求的情况下，首先重点确保真实性，其次是及时性。即要求公司年报披露的标准为：真实基础上及时提供，从而最大可能地消除资本市场上的信息不对称。当然，不可忽视的是，随着会计环境的变化，各构成要素之间的权衡也处于不断变化之中。

3.1.4　会计信息质量决定的行为主体

信息披露作为上市公司经营情况面向社会利益相关者的公开传递，更是上市公司会计信息质量管制的重中之重。理论上讲，根据上市公司现行公司治理结构，能对信息披露质量起影响作用的行为主体，不外乎公司治理结构中的三类主体：

（1）股东

股东通过参加股东大会，可以行使表决权；从经理层的法律地位的分析，可以看出股东是经理层事实上的最终控制人。经理层的行为，将直接影响到股东的利益。如果股东认为经理层不够称职，股东就会运用选举权和表决权向董事会施加压力，迫使他们加强对经理层的监控，降低经理层的报酬，甚至让董事会免去经理人员的职位。毫无疑问，股东在公司治理结构中理应发挥十分重要的作用，但实际上，其作用却难以很好发挥：

①基于成本效益原则，小股东缺乏监督动力，乐于搭便车。由于小股东的监督绩效远远低于大股东，因此，小股东一般不愿意实施对管理者的监督，而乐于搭大股东的"便车"。这不仅削弱了股权分散公司的股东监督机制，对信息披露质量的影响作用也大大减弱[117]。

②大股东虽然持有较多股份，但是，其监督受到诸多限制。理论上，大股东由于其所持有的投票权较多，因此，在公司治理结构中理应发挥重要作用，从较大程度上影响信息披露质量。但事实上，由于种种因素的制约，大股东的监督受到诸多限制。一方面，通常大股东持股比例不可能达到100%，考虑到小股东的"搭便车"行为，多数大股东不会全力投入，从而从自身的角度弱化了应有的监督力度；另一方面，由于持股比例不同，使得大小股东在公司的潜在身份迥异，从而使得大股东在信息及投票权上均优于小股东，因此，大股东往往会以牺牲小股东的利益为代价，攫取更多的私人利益。

③股东大会的功能难以真正发挥。《中国证券报》的调查[118]表明："投资者中有82%的人从来没有参加过股东大会，2%的人表示自己未参加但委托他人参加过，仅有16%的人表示参加过股东大会"。而夏冬林[119]在对沪深两个证券交易所475家上市公司出席1997和1998年度股东大会人数的统计调查表明："80%公司的年度股东大会人数在100人以下，在这80%的公司中，75%公司的人数在50人以下。其中2家公司2人出席股东大会，1家公司则仅1人出席。"所有的数据都表明，在我国，对大多数上市公司而言，股东大会就等同于董事会、管理层，其应有的治理作用自然难以真正发挥。

（2）董事会

董事会是由股东大会选择产生的，由全体董事组成的行使公司管理权的机构。监督和制约经营管理者的主要决策行为是其主要功能之一，同时它也是管理层的直接监督者。就董事会的构成来看，有全体成员均为执行董事所组成的董事会、多数成员为执行董事所组成的董事会和多数成员为外部人士所组成的董事会三种。事实上，由于前两种类型的董事会成员大多就是经理层人士，因此，其对经理层的监管基本就是一句空话。理论上讲，我国目前也在采用的第三种类型的董事会，有可能较好地行使对经理层的监督作用，从而影响信息披露质量。但事实上，"由于外部人士（独立董事）的经济利益与公司的生产经营状况相关性并非很大，因而他们不可能投入全部身心在对经理层的监督上。而且，其主要信息来源甚至董事的职位均有赖于经理层，这也决定了其监督的局限性及消极性"[117]。

（3）经理层

经理层并不是一个独立的公司权力机构，而是由董事会聘任的，受董事会指导的管理者群体。它只是公司董事会下属的辅助管理机关。其范围可以包括董事会中担任业务执行的大部分成员，也包括不在董事会任职的高级管理人员。由于管理的日益专业化，由董事会统一行使日常业务管理权是不实际的，授权经理层在其指导下代为行使部分管理权是现实的需要。所以，公司的经营权由董事会和经理层共同分享，而经理层与董事会之间是代理和被代理的授权代理关系。

按照我国的《公司法》的规定来看，公司经理只是辅助董事会执行业务的机构，是董事会的执行机构，本身不享有独立的业务执行权，除法律规定以及公司章程和董事会授予的职权外，不得对公司的经营事项做出决策。然而，相关研究表明，如果没有完善的信息披露制度，股东和董事会无法了解经理层经营公司的状况，那么股东和董事会对经理层的监督和约束也就无法办到。而在我国，完善的信息披露制度正处于构建过程中，股东和董事会对经理层的监督和约束依旧有限[120]。由于信息不对称的存在，经理行为通常难以被股东或其代表——董事会准确观察到，因此股东无法直接根据经理行为对其进行奖惩。在这样的情况下，为了有效解决公司经理的激励问题，使其尽可能为股东利益最大化而努力工作，在我国，多数股东只能根据公司的经营业绩来设计经理报酬契约，通过让经理参与公司剩余收益的分配，以达到对经理进行激励的目的[121～125]。因此，公司的经营业绩仍是制定经理报酬的重要参考依据，而当经理报酬契约基于公司会计业绩设计时，为增加自身报酬，经理有动机利用会计政策的多样性调增会计收益[126]。

以上分析均表明，在我国，股东、董事会均不能对经理层实施有效的监督，不能对会计信息质量的高低施加决定性的影响作用，因此，本书认为，在我国目前的公司治理结构下，对会计信息质量起决定性作用的行为主体只能是经理层，而且，有限的监督和约束机制以及增加自身报酬的激励使得经理层操纵会计信息质量成为可能。

3.2　信息披露质量形成的两阶段分析

前面已述，本书所指信息披露质量，仅指信息披露过程这一环节的质量，是对通过会计信息生成系统形成的关于公司内部的股权结构、治理结构、财务信息和其他重要信息面向社会公开传递的上市公司信息披露过程的整体评价，主要从真实性和及时性两方面进行测度。具体到信息披露，根据其各阶段主要职能的不同，本书将其划分为两个阶段，即年报编制阶段和年报对外披露阶段。

3.2.1　年报编制阶段

年报编制阶段，主要指上市公司根据会计循环阶段产生的会计信息，加工、编制并经会计师事务所审计的这一过程。在这一阶段，将形成信息披露的载体——公司年报，因此，也是信息披露质量起决定性作用的行为主体——经理层作用的最主要环节，故而，本阶段将决定上市公司信息披露质量最基本的特征——真实性。

年报真实性，与通常所讨论的会计舞弊行为紧密联系。因此，要考量年报真实性，就需要从会计舞弊行为入手。国内外财务学者和实务界一直致力于公司会计舞弊的预警研究，并取得了较为明确的研究结论。如阿尔布雷克特、温茨和威廉姆斯（Albrecht，Wernz，Williams，1995）[127]指出，财务报告中无法解释的变化、报告有利收益的迫切需要、大额超常收益、收益质量的持续恶化、高额负债、应收账款呆滞或其他现金流量问题都可能是会计舞弊征兆。比斯利（Beasley，1996，1998）[113][128]发现，舞弊公司的董事会在构成、任期、持股水平、在审计委员会中的作用方面与正常公司有着明显的差异，董事会规模变小、外部董事的比例增加、任期增加、持股比例增加及在其他公司任职减少会降低会计舞弊发生的可能性。

贝内什（Beneish, 1999）[129]认为，应收账款大幅增加、产品毛利率异常变动、资产质量下降、销售收入异常增加和应计利润率上升是会计舞弊的征兆。李、英格拉姆和霍华德（Lee, Ingram and Howard, 1999）[130]发现，应计利润是揭示潜在会计舞弊的信号，而且，舞弊公司比正常公司有更高的财务杠杆、更高的应收账款余额、更高的销售增长率、相对其资产更高的市场回报和市场价值，以及较小的公司规模。蔡志岳，吴世农[3]以2002～2004年因为信息披露违规被中国证监会、沪深交易所或财政部处罚的132家A股上市公司及配对公司为研究样本，收集了会计类、现金流量类、市场类、经济增加值类、公司治理类和控制因素类六类信息含量不同的指标作为备选预测变量，运用Logistic回归模型进行统计分析。实证结果表明：第一，财务指标、市场指标和公司治理指标包含揭示公司在未来是否可能发生信息披露违规的有效信息；第二，公司治理指标有助于提高预测模型的判定成功率。综合以上研究结论，可以发现，影响经理层并最终左右报表年报真实性的因素主要有以下几类：

（1）财务指标状况

舞弊三角理论将诱导舞弊的因素分为三种：压力、机会和道德取向。压力要素指任何类型的舞弊行为都是因为受到了一定的压力，只是压力形式有所不同，如经济压力、不良嗜好、升职压力等；机会要素是指可以进行舞弊而不会被发现，或能逃避惩罚的时机；道德取向因素主要指个人受到教育、家庭、社会的影响从而形成的个人价值判断。实证研究表明，管理当局之所以要故意违背GAAP，发布虚假财务信息，其原因在于管理当局面临着需要报告比实际业绩更高的会计收益的压力，不仅如此，管理当局财务报告舞弊是利用会计政策选择不能实现其目标收益时的一种符合成本收益原则的必然选择[131]。而以1974～1981年违反会计系列公告（ASR），1982～1991年违反会计和审计强制公告（AAER）的公司中的100家作为舞弊性财务报告的样本公司，以同一会计年度、同一行业的非舞弊公司中随机抽取的100家公司作为对照样本，进行的财务杠杆、资产组成、盈利能力、流动性、资本回报、规模等几方面的财务指标所做的显著性检验，也证明了财务状况恶化是管理当局舞弊的一个重要原因[132]。

（2）公司治理结构异常

　　上市公司是否会进行财务报告舞弊，进而影响公司信息披露质量，不仅取决于造假激励，而且取决于造假能力。如果说管理当局面临着需要报告比实际业绩更高的会计收益的压力是一种造假激励，那么公司治理结构异常则为上市公司进行信息披露质量的调控提供了一种能力。我们知道，公司治理结构是一种联系并规范股东（财产所有者）、董事会、高级管理人员权利和义务分配，以及与此有关的聘选、监督等问题的制度框架。简单地说，就是如何在公司内部划分权力。良好的公司治理结构，可解决公司各方利益分配问题，对公司能否高效运转、是否具有竞争力，起到决定性的作用。我国公司治理结构是采用"三权分立"制度，即决策权、经营管理权、监督权分属于股东会、董事会或执行董事、监事会。通过权力的制衡，使三大机关各司其职，又相互制约，保证公司顺利运行。相关研究表明，财务舞弊公司的董事会的外部董事比例显著低于其配对公司[113]；如果公司董事会的内部董事比例越高，或董事长兼任总经理，或未设立审计委员会，则该公司越可能因违反 GAAP 而受到美国证券会的处罚[133]。而这一系列研究结论，也表明公司治理结构异常是上市公司舞弊的另一个重要因素。

（3）外部独立审计状况

　　在所有权与经营权相分离的条件下，投资者等利益相关者对企业的了解大多只能通过财务报告所提供的信息来做出自己的判断。如果财务报告信息失真，那么所有决策都会因此而付出代价。而外部独立审计，也称注册会计师审计，是指注册会计师对某一经济组织的有关经济活动和经济事项的认定，在充分、适当地获取各种证据，并对这些证据进行客观的评价之后，确定哪些符合相关既定标准的程度，在此基础上发表独立、客观、公正的并负法律责任的意见，以保证审计报告中被审计单位的会计报表具有很高的可靠性。因此，上市公司的外部独立审计状况就成为对年报真实性进行考察的指标之一。对此，相关的实证结论也可以予以作证，如查尔斯、陈等人（Charles, Chen, Chen et al., 2001）[134]以沪深股市 1995～1997 年的上市公司为研究对象，研究了上市公司盈余管理行为与注册会计师发表非标准审计意见行为之间的关系，发现两者之间存在显著的正相关关系，认为注册会计师能在一定程度上揭示盈余管理。而审计监督机制也会影响信息披露的质量，因为随着审计诉讼爆炸时代的到来，为了降低审计风险，提升自身的信誉，著名的会计公司会关注并提高审计质量。已有研究结论，如大型会计师事务所的独立性明显高于小型会计师事务所[135]；六大会计师事务所的客户操控性应计利润显著地小于其他企业[136]；中国的大型会计师事务所更多地向客户出具非标准的审计报告[137]；国际"四大"的客户报告更低水平的操控性应计利润[138]；国际"四大"审计费用较高，同时，其客户每单位资产的可操控性应计利润较低[139]；从审计费用和操控性应计利润的角度来看，"四大"提供更高的审计质量[140]；"四大"更容易发表非标准的审计意见，表现出审计的保守性[141]。从市场的反映来看，市场更认可"四大"的审计质量[142]等。因此，本书将审计意见类型和会计师事务所品牌两个变量作为外部审计状况的表征指标。

（4）会计报表项目之间的相关关系

资产负债表、利润表、现金流量表是会计报表的核心。其中，资产负债表反映企业从事筹资和投资活动后某一特定日期的财务状况，它是一个价值度量系统，通过资产负债表可以了解企业特定日期资产的分布、负债及所有者权益的构成情况，以及净资产的账面价值。利润表反映企业某一时期的经营成果，它是一个价值创造的度量系统，通过利润表可以了解企业某一时期利润的形成及利润的分配情况。现金流量表反映企业某一时期的现金流入、流出情况的会计报表[143]。虽然这三张报表各司其职，从不同的方面反映企业的财务信息，但是，它们却是一个相互影响、相互联系的有机整体。尽管握有实际控制权的管理当局会出于自身利益的考虑使用某种手段减低会计报表的质量，但是正因为三张财务报表之间有着非常严密的勾稽关系，牵一发而动全身，才有了探索年报真实性的空间及痕迹。

上市公司减低财务报表质量的目的主要是为了粉饰其经营业绩，采取的手段大多是虚构收入、转移费用、制造非经常性损益事项等。但是，由于会计报表之间的勾稽关系既是财务数据间内含的一种联系，同时也制约着财务数据的变动，所以，尽管管理当局可能对某一些账户信息披露不完全或不真实，但是依然会留下很多漏洞以及些许的蛛丝马迹。如图3-5

所示，现金流量表中现金净流量直接来自于资产负债表中货币资金账户；利润表中主营业务收入主要是由现金流量表中经营活动现金流量账户和资产负债表中应收账款账户构成；资产负债表中总资产和所有者权益在相当程度上制约着利润表中净收益的大小[61]。例如，如果某上市公司管理当局试图虚增收入，但碍于实际企业的净现金流量并没有较前一年度有所增加，为了掩人耳目，通过提供虚假的经营性应计项目（可能抬高经营性应收项目，减少经营性应付项目）——这常常是上市公司惯用的伎俩。但是，由于企业的应计项目与现金流、主营业务收入以及其他账户之间有着严密的勾稽关系，即应计项目的上升应该先于（或后发于）相关现金的发生，如果通过建立前后期的相关关系模型，在统计上得不到显著关系，那么其会计报表的质量就值得怀疑[42]。

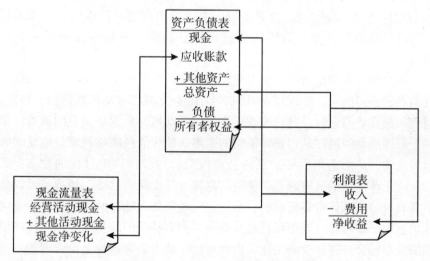

图 3 – 5　三张报表简易勾稽关系

基于会计报表这种严密的勾稽关系，本书也将此作为衡量年报真实性的手段。由于会计报表主要基于管理当局对经营业绩的粉饰，所以本书将重点考察会计报表项目之间的相关关系，通过建立现金流、收入及资产对应计项目的估计模型，基本上将资产负债、利润表和现金流量表之间主要的勾稽关系联系起来。具体的模型构建将在后文详细展开。

3.2.2 年报对外披露阶段

年报对外披露阶段，主要指上市公司将经过会计师事务所审计的年报，通过特定媒介对外披露的这一过程。在这一阶段，将决定上市公司信息披露质量的另一个主要特征——及时性。在我国，《公开发行股票公司信息披露的内容与格式准则第2号——年度报告的内容与格式》中明确规定，上市公司应在会计年度结束后的4个月内将年报摘要刊登在证监会指定的信息披露报纸上。这就是说，1月1日至4月30日为年报披露的有效期间。然而，从现在的技术手段和制度要求看，由于需要进行编报准备和中介审计，因此，年度报告的实际有效披露期间缩短为年报审计日至4月30日之间的这一段时间。也就是说，上市公司在这一阶段的任一天进行披露都是合规的，这就为经理层进行信息披露质量选择提供了机会和可能。

利益相关者理论指出，为引起新闻媒介和市场的更多关注，对于拥有好消息的公司而言，经理层有动机赶在其他公司之前发布其信息，相反，当公司拥有坏消息时，公司经理层则有以下动机而延迟坏消息的披露：第一，管理层希望通过延迟披露策略的采用，使坏消息能够较缓慢地反映到股价之中，从而避免因坏消息的公布而对公司股价产生过度的冲击；第二，由于坏消息的披露延迟，使得信息暂时处于保密状态，经理层可以凭借其自身的信息优势趁机获利；第三，经理层认为随着时间的推移和业内坏消息的陆续发布，当市场已经预期公司拥有特定的坏消息时，公司坏消息的发布将会获得较少的关注。由此可见，能否准确计量上市公司的年报及时性，将对信息披露质量的测度产生显著影响。因此，参照王建玲，张天西（2005）[116]研究，本书使用年报时滞（Reporting Lag）作为年报及时性的替代变量，年报时滞是指从财务报告所涉及的会计期间的结束日到报告披露日之间的实际日历天数，它与及时性的关系是：报告时滞越短，报告披露越及时。

综上所述，本书认为，信息披露质量是随着信息披露过程的进行而逐渐形成的，具体而言，在年报编制阶段主要决定上市公司信息披露质量最基本的特征——真实性，而在年报对外披露阶段将决定上市公司信息披露质量的另一个主要特征——及时性。年报的真实性主要由公司治理结构、财务指标状况、外部审计状况以及会计报表项目之间的相关关系四类指标来测度，而年报及时性则以年报时滞来进行测度（如图 3 - 6 所示）。

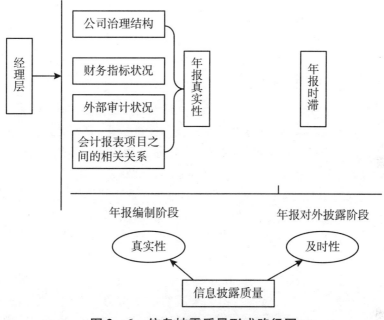

图 3 - 6 信息披露质量形成路径图

3.3 信息披露质量测度指标选择

前面的理论分析已经指出，年报编制阶段主要决定上市公司信息披露质量最基本的特征——真实性，年报对外披露阶段决定上市公司信息披露质量的另一个主要特征——及时性；年报真实性主要由公司治理结构、财务指标状况、外部审计状况以及会计报表项目之间的相关关系四类指标来测度，而年报及时性以年报时滞来进行测度。为了使这些因素更具操作性，实现信息披露质量定量测度的目标，本书对这些因素进行了操作层面的细化，形成的具体测度指标及其相关分析如下：

3.3.1　真实性指标

（1）公司治理结构

①第一大股东持股比例

制衡理论表明，当存在一个与第一大股东持股比例相差不多的第二大股东时，第一大股东进行财务报告舞弊时就会收到牵制，从而导致造假成本上升，造假激励下降。同样的，帕加诺和罗尔（Pagano，Roell，1998）[144]以及班纳森和沃尔芬森（Bennedsen，Wolfenzon，2000）[145]的研究结论也指出，大股东之间的相互制衡是降低代理成本的一种重要替代机制，因此，理想的股权结构需要多个大股东的同时存在，通过大股东之间的相互监督控制私人收益。就中国而言，投资者法律保护还较为薄弱，并且如董事会结构、产品市场竞争、管理者报酬与持股比例等公司治理机制尚未完全发挥有效作用。因此，股东之间的相互制衡可以在一定程度上抑制控股股东的壕沟效应和掏空行为。然而，第二大股东的制衡力量取决于它的持股比例，如果第二大股东缺少足够的股权与控股股东抗衡，无法形成有效的约束机制，或者说，当控股股东取得对公司绝对控制地位时，那么，在巨大的控制权私利的驱动下，控股股东将倾向于利益侵害，并操纵财务报告以隐瞒其掏空行为。因此，在本书中，第一大股东持股比例越大，表示制衡能力越弱，造假概率越高，公司信息披露质量越低，该指标为反指标。

②董事会中外部董事比例

外部董事是指非本公司员工的外部人员担任的董事，他们不在公司担任除董事和董事会专门委员会有关职务外的其他职务，与其担任董事的公司不存在任何可能影响其公正履行外部董事职务的关系。一般由其他公司的经理阶层、社会各界专家和机构投资者的代表构成。在公司治理结构中引入外部董事，不仅可以避免董事与经理人员高度重合，真正实现决策权与执行权的分权制衡，保证董事会能够作出独立于经理层的判断与选择；而且确保由董事会挑选、考核、奖惩在董事会兼职的经理人员，避免非外部董事尤其是其中的执行董事自己挑选、考核、奖惩自己，从而更好地代表出资人的利益。在实证研究中,比斯利(1996)[113]发现,财务舞弊公司的董事会的外部董事比例显著低于其配对公司。克莱因(Klein,2002)[146]在检验公司治理与盈余操纵之间关系的研究中发现,董事会的外部董事比例越高,越不受 CEO 影响,财务报告的质量越高。乌森、塞缪尔和瓦尔马(Uzun,Samuel,Varma,2004)[147]的研究也表明,董事会的外部董事比例越高,公司违规的可能性越低。因此,在本书中,董事会中外部董事比例越大,表示上市公司造假概率越低,公司信息披露质量越高,该指标为正指标。

③审计委员会的设立

中国证监会于 2002 年 1 月 7 日发布的《上市公司治理准则》明确规定,上市公司董事会可以按照股东大会的有关决议设立审计委员会,并由其行使提议聘请或更换外部审计机构、监督公司的内部审计制度及其实施、审核公司的财务信息及其披露以及审查公司的内部控制制度等职责。目前,审计委员会在我国处于自愿设立阶段,但《上市公司治理准则》规定,公司一旦设立审计委员会,独立董事必须占主导地位并至少包括一名财务专家。近年来,越来越多的上市公司设立了审计委员会。以深圳证券交易所上市公司为例,2002 年有 119 家设立审计委员会,2003 年上升为 179 家,2004 年则为 222 家,占当年全部深市上市公司的一半左右。而相关实证研究发现,相对于控制样本而言,利润操纵的公司较少可能设立审计委员会[148]。因此,在本书中,设立审计委员会,表示上市公司造假概率越低,公司信息披露质量越高,该指标为正指标。

④前十大股东中是否有机构投资者

从 2001 年开始,以开放式基金为代表的机构投资者进入了蓬勃发展的时期,与中小投资者相比,机构投资者更加强调对上市公司信息披露内容的分析。而夏冬林、李刚(2008)[149]的最新研究结果也表明,机构投资者持股有助于改善会计盈余的质量:机构投资者持股公司的会计盈余质量显著高于其他公司,并且会计盈余的质量随着机构投资者持股比例的增加而增加。进一步研究发现,机构投资者还能够缓解大股东对会计盈余信息含量的恶化,起到一定的制衡作用。并指出机构投资者能够在一定程度上改善上市公司的盈余质量,其快速成长有助于公司治理结构的改善,也有助于资本市场信息披露环境的良性发展。因此,在本书中,前十大股东中有机构投资者，表示上市公司造假概率越低，公司信息披露质量越高，该指标为正指标。

⑤两权分离程度

按照现代管理的基本原则，现代企业必须实现出资者所有权与法人财产经营权的两权分离，才能实现权责分明、相互制衡；才能从全社会选拔最优秀的职业化的经营专家来经营企业的法人财产。由于董事会代表的是出资者所有权，总经理代表的是企业的法人财产经营权，因而在体现了两权分离的规范化的现代企业制度中，董事长一般不得兼任总经理。而且，相关实证研究也表明，当 CEO 兼任董事长时，董事会不能有效地执行其监督职能[150]，公司更容易因违反公认会计准则（GAAP）而受到美国证券会的处罚[148]。因此，在本书中，两权分离程度越高，表示上市公司造假概率越低，公司信息披露质量越高，该指标为正指标。

（2）财务指标状况

①盈利能力

珀森斯（Persons，1995）[151] 以 1974～1981 年违反会计系列公告（ASR），1982～1991 年违反会计和审计强制公告（AAER）的公司中的100 家作为舞弊性财务报告的样本公司，从同一会计年度，同一行业的非舞弊公司中随机抽取了 100 家公司作为对照样本，通过对它们在财务杠杆、资产组成、盈利能力、流动性、资本回报、规模等几方面的财务指标所做的显著性检验，证明了财务状况恶化是管理当局舞弊的一个重要原因。陆建桥（2002）[152] 发现，出现亏损的上市公司在亏损年度存在着人为调减收益的盈余管理行为。孙蔓莉（2005）[153] 的研究也发现，我国上市公司存在根据业绩不同人为操纵年报语言可读性的迹象，绩优公司年报的可读性水平高于绩差公司。因此，在本书中，盈利能力越高，表示上市公司造假概率越低，公司信息披露质量越高，该指标为正指标。

②偿债能力

高负债结构可能增加舞弊性财务报告的可能性，因为它将风险从所有者和经理人员转移到债权人身上。特别是在某一时间需要满足一定的债务契约，此时管理层就可能对财务报告进行舞弊以达到债务契约的要求，这预示着高的债务杠杆会增加舞弊性财务报告的可能性[154]。巴顿和维迈尔（Barton，Waymire，2004）[155]也发现，财务报告质量与财务杠杆显著正相关。张为国、王霞（2004）[156]的研究则进一步发现，资产负债率越高的企业，经理人员出于职位安全的考虑更多地利用高报错误来进行盈余管理。但考虑到偿债能力的部分指标，如资产负债率、流动比率等属于适度指标，前者以在 0.5 左右比较合理，后者以在 2 左右比较合理。因此，在本书中，对以适度指标反映的偿债能力而言，指标越合理，表示上市公司造假概率越低，公司信息披露质量越高，该指标为适度指标；对以其他指标反映的偿债能力，指标值越高，表示上市公司造假概率越低，公司信息披露质量越高，该指标为正指标。

③营运能力

营运能力反映了企业资金周转状况，反映了企业营业状况和经营管理水平。资金周转状况好，说明企业的经营管理水平高，资金利用效率高。企业的资金周转状况与供、产、销各个经营环节密切相关，任何一个环节出现问题都会影响企业资金的正常周转。通常，营运能力较低的企业发生舞弊性财务报告的可能性较高[154]。因此，在本书中，营运能力越强，表示上市公司造假概率越低，公司信息披露质量越高，该指标为正指标。

（3）外部审计状况

①审计意见

弗朗西斯[65]认为，审计在投资者保护、公司治理和资本市场发展中是作为投资者保护法的执行机制存在的。当缺乏法律保护机制时，高质量的审计可能作为一种替代机制为投资者提供保护。审计可以缓解企业的代理冲突，降低中小投资者与企业之间的信息不对称程度，其代表的是投资者的利益，对投资者负责。王克敏、陈井勇[157]认为，审计意见类型反映了一个公司年报数据的真实性及准确程度，数据越真实，外部股东获得的信息质量越好，从而对其保护就越强。注册会计师出具的审计意见有四种基本类型：无保留意见、保留意见、否定意见和拒绝表示意见。标准无保留意见意味着注册会计师认为被审计单位会计报表公允地反映了被审计单位的财务状况、经营成果和现金流量，反映的内容符合其实际情况。它表明被审计单位的内部控制制度完善，可以使审计报告的使用者对被审计单位的财务状况、经营成果和现金流量具有较高的信赖。因此，在本书中，如果上市公司的审计意见为无保留意见，表示上市公司造假概率越低，公司信息披露质量越高，该指标为正指标。

②审计师事务所品牌

审计监督机制也会影响信息披露的质量，这是由于，随着审计诉讼爆炸时代的到来，为了降低审计风险，提升自身的信誉，著名的会计公司会关注并提高审计质量。因此，它们会强化对控股股东的审计监督，从而提高信息披露质量。独立审计是控制代理问题的重要外部力量[158~159]，而大型会计师事务所的独立性明显高于小型会计师事务所[135]。贝克尔、德丰和吉姆巴沃（Becker, DeFond, Jiambalvo et al., 1998）[136]通过对一万余家企业年度观察值的检验，发现6大会计师事务所的客户操控性应计利润显著地小于其他企业，说明高质量的审计对盈余管理起到了制约作用。德丰、王和李（DeFond, Wong, Li, 2000）[137]发现中国的大型会计师事务所更多地向客户出具非标准的审计报告。克里希南（Krishnan, 2003）[160]研究发现，"四大"的客户报告更低水平的操控性应计利润。漆江娜、陈慧霖、张阳（2004）[139]发现"四大"审计费用较高，同时，"四大"的客户每单位资产的可操控性应计利润较低。陈关亭，兰凌（2004）[140]从审计费用和操控性应计利润的角度发现"四大"提供更高的审计质量。王咏梅、王鹏（2006）[142]从市场的反映出发，发现市场更认可"四大"的审计质量。因此，在本书中，如果上市公司所聘请的会计师事务所为大品牌所，表示上市公司造假概率越低，公司信息披露质量越高，该指标为正指标。

（4）会计报表项目之间的相关关系

一般而言，现金流量表中现金净流量直接来自于资产负债表中货币资金账户；利润表中主营业务收入主要是由现金流量表中经营活动现金流量账户和资产负债表中应收账款账户构成；资产负债表中总资产和所有者权益在相当程度上制约着利润表中净收益的大小[61]。例如，如果某上市公司管理当局试图虚增收入，但碍于实际企业的净现金流量并没有较前一年度有所增加，为了掩人耳目，通过提供虚假的经营性应计项目（可能抬高经营性应收项目，减少经营性应付项目）——这常常是上市公司惯用的伎俩。但是，由于企业的应计项目与现金流、主营业务收入以及其他账户之间有着严密的勾稽关系，即应计项目的上升应该先于（或后发于）相关现金的发生，如果我们建立前后期的相关关系模型，而它在统计上得不到显著检验，那么其会计报表的质量就值得怀疑[42]。关于从报表勾稽关系入手衡量会计信息质量的研究主要从盈余质量和应计项目质量两个角度进行。其中，盈余质量主要围绕 Jones 模型[40]展开，巴托夫、古尔和徐（Bartov，Gul，Tsui，2000）[161]对关于测量盈余质量的五个计量模型的能力进行了检验和评价亦表明修正 Jones 模型能够更好解释公司的盈余管理。而弗朗西斯、拉芳德和奥尔森等人（2005）[51]则是测量应计项目质量的较优成果。

修正 Jones 模型为：

$$应计利润_t = \alpha_1 \frac{1}{资产_{t-1}} + \alpha_2 \frac{\Delta\,收入 - \Delta\,应收账款}{资产_{t-1}} + \alpha_3 \frac{固定资产}{资产_{t-1}}$$

$$(3-1)$$

Francis 模型为：

$$\frac{A_t}{Asset_t} = \varphi_0 + \varphi_1 \frac{CFO_{t-1}}{Asset_t} + \varphi_2 \frac{CFO_t}{Asset_t} + \varphi_3 \frac{CFO_{t+1}}{Asset_t} + \varphi_4 \frac{\Delta Rev_t}{Asset_t} + \varphi_5 \frac{PPE_t}{Asset_t} + \nu_t$$

$$(3-2)$$

其中：

A_t——第 t 年应计项目总额 $= \Delta\,资产 - \Delta\,负债 - \Delta\,现金 + \Delta\,流动负债$；

$Asset_t$——第 t 年总资产；

CFO_t——第 t 年经营性现金流 = 应计项目总额 - 摊销费用和折旧；

ΔRev_t——第 t 年主营业务收入增加额；

PPE_t——第 t 年固定资产；

ν_t——应计项目质量。

但是，相关研究表明[61]，与 Jones 模型相比较，Francis 模型至少存在以下三方面的优势：

①Francis 模型引入经营性现金流量，将三大报表联系起来，能够更好

地反映会计信息系统质量；而修正 Jones 模型中所涉及的项目仅限于资产负债表和利润表。现金流量表是基于现金基础编制，与资产负债表和利润表基于应计制的基础编制不同。虽然利润表中净利润的数字，是公司于本期内由于营运行为而生成，但是，利润表存在有若干基于会计原则（如配比原则等）估计而产生的数据，这使得本期净利未必与实际现金收支状况相符合。换句话说，本期净利并不代表现金所能够带给公司的流动性、偿债能力，以及财务调度的弹性。例如，某些可以提升公司盈余的收入项目未必会带来实际的现金流入；而某些可以让公司盈余减少的费用项目，也未必会造成实际的现金流出。此时，公司利润表中记录的盈余额度与变动方向，便会与实际的现金流量及方向出现不一致的情况。公司净利数据中充满过多无实际现金流入功能的项目，此时，极容易出现公司的净利数据虽然较大，不过现金流量却很少的现象，也显示公司可能通过无实际现金流入项目操控利润的现象。Francis 模型引入经营性现金流量后，就可以通过应计项目与现金流的匹配程度，更好地测度年报真实性。

②Francis 模型考虑了上下期对项目的影响，能够更好地测度管理当局跨期操控数据的行为，而修正 Jones 模型只考虑前一期却忽视了后一期的影响。会计信息是持续的，单纯靠企业一两期的数据很难测度出该企业的会计信息质量。在我国，由于资本市场财务数据历史不长，研究者运用修正 Jones 模型时大多采用行业的截面数据，这就更加难以考察管理当局对财务数据的跨期操纵。Francis 模型不但考虑了当前应计项目和几期现金流的联动，而且模型要求至少 8 年以上时间序列数据，这就在一定程度上清除了公司对应计项目的跨期任意行为，能够更好地反映会计信息质量。

③Francis 模型涉及更多会计报表项目，涵盖了三大报表中资产、负债、现金、流动负债、经营性现金流量、收入、固定资产、摊销费用和折旧至少 9 项主要会计科目，而修正 Jones 模型仅涉及利润、资产、收入、应收账款和固定资产 5 项科目。模型中所含会计科目越重要、越全面，就能够更好地反映会计信息质量，Francis 模型中的会计科目不但囊括了修正 Jones 模型几乎所有的科目，而且加入更多重要科目，概括性和反映程度更好。

鉴于 Francis 模型能够避免 Jones 模型无法反映现金流量与其他项目的联动质量、只考虑当前期会计数据以及涵盖较少会计报表项目的缺点，本书选择 Francis 模型作为会计报表项目之间相关关系的测度指标。在该模型中，模型值越大，应计项目质量越差，反之，应计项目质量越好，即该模型值与应计项目质量反向变动。而在应计项目质量与信息披露质量的关系中，应计项目质量越好，公司信息披露质量越高，二者同向变动。因此，综合考虑此三者之间的关系以及表述的明晰性，在本书中，将以 Francis 模型计量的应计项目质量界定为反指标。

综上所述，本书的年报真实性测度指标如图 3 - 7 所示。

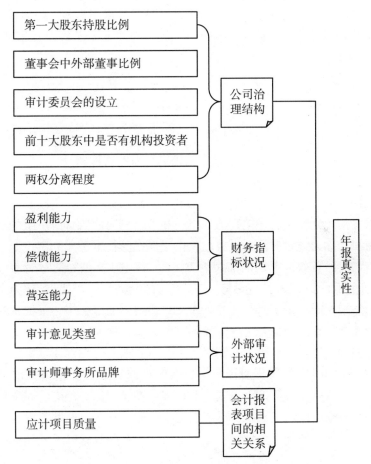

图 3 - 7　年报真实性测度指标图

3.3.2 及时性指标

在我国，《公开发行股票公司信息披露的内容与格式准则第 2 号——年度报告的内容与格式》中明确规定，上市公司应在会计年度结束后的 4 个月内将年报摘要刊登在证监会指定的信息披露报纸上，这就是说，1 月 1 日至 4 月 30 日为年报披露的有效期间。然而，由于需要进行编报准备和中介审计，因此，年度报告的披露事实上与至少 4 个关键时点密切相关，如图 3-8 所示。

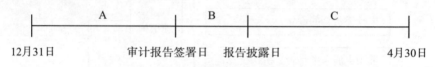

图 3-8　年报披露关键时点及阶段图

正如图 3-8 所示，A 是为达到财务报告所要求的可靠性质量，在年报披露之前产生由于公司内部治理结构和中介机构的监督所产生的必需的年报时滞，称为适量时滞；事实上，由于现在的技术手段和制度要求，年度报告的实际有效披露期间缩短为 B + C。其中，B 是除适量时滞以外不必要的时间耗费（公司发布财务报告以前的酝酿和博弈期），称为余量时滞；而适量时滞与余量时滞之和（A + B），则为上市公司年报披露日与年报所涵盖会计期间结束日之间的实际日历天数，称为报告时滞。

很显然，适量时滞是为达到财务报告所要求的可靠性质量，在年报披露之前产生的必需的年报时滞。根据及时性与可靠性此消彼长的关系可知，适量时滞在某种程度上体现了对报表可靠性的保证程度。如果仅仅为了体现及时性原则而刻意减少必需的适量时滞，就有可能助长求速度而不保质量的风气；此外，全球资本市场上信息失真的现状以及复杂程度也向我们敲响了警钟，使得在保证质量前提下的及时性观念更加深入人心，单纯追求低适量时滞亦不符合这一共识；最后，公司规模和组织结构的不同，使得公司年报编制任务的大小不同，也会引起适量时滞的不同。

基于以上三点原因，虽然尽量缩短适量时滞是提高年报及时性的途径之一，本书不将其作为年报及时性的表征指标。而另外的两个指标——余量时滞（B）和报告时滞（A＋B），均是以天为计量单位的绝对数值，忽略了法定披露期限对公司经理在延长余量时滞时必须考虑的制度约束。因此，本书不直接选用绝对数表示的余量时滞和报告时滞，而选取以相对数表示的考虑经理人员对时滞的可操控程度的余量时滞——时滞自由裁量权和报告时滞——报告时间指数两个指标作为年报及时性的表征指标。显然，这两个指标越大，上市公司信息披露的及时性越差，公司信息披露质量越低，因此，在本书中，该指标为反指标。

3.3.3 相关说明

本书信息披露质量评价指标的选取，主要是基于本书研究目标进行的，因此，以往研究中采用的一些不适合本书的指标，将不进入本书的模型中。主要有：

①内部人控制。杜晓莉（2004）[10]采用内部董事占董事会总人数的比重和高管人员在大股东兼职人数占高管人员的比重来表征内部人控制状况。由于本书研究指标中已经包括了独立董事比例和两权分离状况等类似指标，因此，内部人控制指标将不再进入指标体系。

②监事会。杜晓莉（2004）[10]以外部监事比例和会计、法律专业监事比例来表征监事会状况。但由于一方面该文并未对该指标的入选进行理论分析和依据说明，另一方面笔者也未找到较为合理的理论依据，因此并未选入此指标。事实上，由于我国仿照英美的单层董事会模式，在董事会下设立了审计委员会，使得我国同时存在审计委员会和监事会两个监督机构。他们都对公司的管理层进行监督，而监督重点又同样是财务报告过程，因此二者在功能上出现了重叠[162]。故而，该两个指标都未进入本书的指标体系。

③有英文版披露及自愿披露数量高于行业平均水平？毫无疑问，有英文版披露会使上市公司信息披露体系更为完善，更多真实的自愿披露将会使公司状况更为透明，但是，本书所指信息披露质量，仅指信息披露过程这一环节的质量，是对通过会计信息生成系统形成的关于公司内部的股权结构、治理结构、财务信息和其他重要信息面向社会公开传递的上市公司信息披露过程的整体评价，且研究对象限定为上市公司年报。因此，是否有另一种形式的披露或额外信息披露不属于本书研究范围，因此，该两项

指标不予入选。

④年报编制质量。杜晓莉（2004）[10]所设计的年报编制质量主要由内容遗漏、错误与误导、编制与表述三个方面来解释，并选用编报重大事项漏报率来评价。然而，其在后文中也指出，由于该指标在目前的信息披露情况下数据不易获得，且不易保证其准确性，所以在此次分析中不选用[10]41。而且，本书认为，年报编制质量应该是一个综合考量的结果，不适合用一个单一指标表征，因此，该指标将不予入选。

⑤关联公司持股小于10%、公司董事选举使用总票数、年度股东大会，至少有10%的小股东参会、公司引导投资者关系的活跃性。此四个指标均来自金（Kim Jinbae，2005）[8]，由于我国与韩国在公司治理、信息披露等方面的要求不同，相关数据在我国上市公司的年报信息披露中很难获取，因此，此类指标不予入选。

事实上，投资者法律保护也是影响信息披露质量的重要因素。霍、胡和黄（Haw，Hu，Hwang et. al.，2004）[163]在以9个东亚国家和13个西欧国家为样本的研究中证实，在投资者法律保护较弱的国家，管理者和控股股东为了掩盖公司实际的经营业绩并获得控制权私利，利用在公司所处的控制地位，通过对会计政策的选择来调节应计项目，进而达到操纵盈余的目的，从而降低应计会计制下盈余的信息含量。但由于本书研究的目标仅为我国上市公司的信息披露质量，各个公司所处的投资者法律保护状况基本相同，因此，该指标也将不进入本书的模型中。

3.4 信息披露质量指标设置

3.4.1 指标描述

根据前面构建的信息披露质量评价指标体系，本书设置如下操作变量，如表3-2所示。

表 3 - 2   指标描述

质量特征	一级指标	二级指标	指标计算	指标类型	指标代号
真实性	公司治理结构	第一大股东持股比例	第一大股东年末持股数÷总股数	反	Y1
		董事会中外部董事比例	独立董事人数÷董事会总人数	正	Y2
		设立了审计委员会	设立 = 2，否则 = 1	正	Y3
		前十大股东中是否有机构投资者	有 = 2，否则 = 1	正	Y4
		两权分离程度	是否两权分离：两权分离 = 2，反之 = 1	正	Y5
	财务指标状况	盈利能力	净资产收益率	正	Y6
			每股收益	正	Y7
		偿债能力	流动比率	适度	Y8
			资产负债率	适度	Y9
			已获利息倍数	正	Y10
		营运能力	应收账款周转率	正	Y11
			存货周转率	正	Y12
			固定资产周转率	正	Y13
	外部审计状况	审计意见	审计意见为标准无保留意见 = 2，否则 = 1	正	Y14
		审计师事务所品牌	选择十大会计师事务所 = 2，否则 = 1	正	Y15
	报表项目间相关关系	应计项目质量	Francis 模型值	反	Y16
及时性	年报时滞	余量时滞——时滞自由裁量权	余量时滞÷年报实际有效披露时间	反	Y17
		报告时滞——报告时间指数	报告时滞 ÷ 120（121，闰年）	反	Y18

3.4.2 补充说明

第一大股东持股比例、董事会中外部董事比例、设立了审计委员会、净资产收益率、每股收益、流动比率、资产负债率、已获利息倍数、应收账款周转率、存货周转率、固定资产周转率（三个周转率指标中的资产额均取期末、期初余额的平均值）、审计意见类型等 CSMAR 数据库中可以直接获取数据或经过简单计算就可以获取的指标，以该数据库中的数据为准。如果有缺失数据，再从上市公司年报中搜集补充。

（1）两权分离程度

这是反映公司治理结构内部的信息沟通和决策独立性的指标。本书以上市公司董事长和总经理是否为同一人作为两权分离程度的替代变量，具体地：如果上市公司董事长和总经理为同一人，则该指标值为 2；反之，为 1。

（2）审计师事务所品牌

本书以公司是否选择十大会计师事务所之一作为其年报主审机构来表征此指标，如果选择十大会计师事务所之一作为其年报主审机构，则指标值取 2，否则取 1。此处的十大会计师事务所指的是中国注册会计师协会网站（www.cicpa.org.cn）公布的"全国会计师事务所前百家信息"中排名前十的事务所。

（3）及时性指标

①余量时滞——时滞自由裁量权

前面已述，余量时滞是一个以天为计量单位的绝对数值，直接度量余量时滞的缺陷在于：忽略了法定披露期限对公司经理在延长余量时滞时必须考虑的制度约束。经理人员延长余量时滞的基本前提是不增加公司的额外成本，当公司超过法定披露时限时，年报不仅会受到监管部门的严格审查，还得承受来自市场的压力，因此，法定披露期限是影响经理人员操控余量时滞长短的制度约束。这样，自审计报告签署之日至法定披露期限截止日就是余量时滞的最长区间，而余量时滞占该区间的比例则表明了经理人员对可操控期间的接受程度，其含义是经理人员对时滞实施的一种自由裁量的权利。相对于以绝对天数标示的余量时滞，时滞自由裁量权可以考察出在余量时滞天数相同的情况下，不同公司对余量时滞的不同操控程度[164]。因此，本书以时滞自由裁量权作为余量时滞的表征指标。

$$时滞自由裁量权 = \frac{余量时滞（B）}{年报实际有效披露期间（B+C）} \qquad (3-3)$$

②报告时滞——报告时间指数

我国上市公司采用统一的会计年度，即每年的 12 月 31 日作为会计期间结束日，因此，采用日历天数方法定义报告时滞十分方便。然而，由于闰年的原因，法定披露天数会有 120 天和 121 天之分，故而，为保持变量含义的一致性，可采用报告时间指数指标消除上述差异可能导致的影响。因此，本书以报告时间指数作为报告时滞的表征指标。

$$报告时间指数 = \frac{报告时滞（A+B）}{120（或 121，闰年）} \qquad (3-4)$$

3.5　测度模型构建

3.5.1　现有测度方法简评

前面已述，早期通过财务报告的披露数量、信息含量、财务报告盈余质量、权威机构评价结果等对信息披露质量进行研究，虽然为更好地开展信息披露质量的相关研究做出了贡献，但是，却存在着诸多尚待改进之处：就披露数量而言，虽然比较容易度量的（如字数、句子数量、页数等），但是由于财务报告内容的质量是关于使用准确的语言公布正确的信息，而不在乎是否用了更多的字词和数量。因此，用这种方法来反映财务报告的质量就更显得不够精确。而信息含量的两种方法都是建立在有效市场假设的前提下的，故而，其实用价值或者对现实状况的解释力度将大打折扣。财务报告盈余质量的计算中，虽然此类项目的高估或低估只是影响财务报告质量的一个重要方面，不能从整体上反映信息质量的状况，尤其，存在表外项目粉饰的情况下，这种方法的有效性值得考证。而权威机构评价结果往往来自于中介机构或监管机构的测评和排名，针对性不强，并不一定适用于自身的研究目的。而且，这种采用机构评价体系结果进行研究的方法，会由于其指标体系的保密而不具有普遍适用性，应用价值不大。随后出现的使用能够引起信息质量发生变化的内生原因作为衡量信息质量的方法的确为信息披露质量的研究提供了一个新的契机。但是，由于该类研究尚处探索阶段，很多变量的取值来自中介机构的测评和排名，针对性不强，在指标的选择、设置以及处理方法上仍存在不足之处。因此，本书将充分借鉴国内外的研究成果，改善前人在指标选择、设置以及处理方法上的不足之处，对信息披露质量决定因素进行整合，构建我国上市公司信息披露质量测度指标体系，建立基于熵理论的我国上市公司信息披露质量定量测度模型，为投资者准确把握我国上市公司信息披露质量的整体和个体状况、进行投资决策提供方法和数据支持。

3.5.2　选择熵权评价模型的必要性

从前面形成的上市公司信息披露质量评价指标来看，既有定性指标，又有定量指标，且只有将定性指标和定量指标有机结合才能实现真正的综合测度；另外，上市公司因行业、规模不同而形成的不可比性，也需要采用适当的方法予以消除。且从总体来看，熵模型所具有的以下优点，不仅使得测度更加科学、合理，而且能较好地解决上述问题：

首先，熵思想表明，熵是时间之矢——方向性，熵值是相对的、动态的，受组成元素多少、元素种类及元素间关系、所拥有的有用信息量的影响；而且信息离不开人，人是信息的创造者和载体，无论对变量做任何逻辑的、数学的处理，都不能使信息增量。熵的这些特性，与本书的测度目标——上市公司信息披露质量具有很强的内在一致性：信息质量也是一个相对的、动态的，受发布信息多少、信息种类及各类信息间关系、所拥有的有用信息量的影响。同样地，上市公司信息与人的关系更是密切，发布者与使用者都是社会人；而熵所具有的无论对变量做任何逻辑的、数学的处理，都不能使信息增量，更杜绝了数学建模产生信息增量的可能性，使得测度更加科学、合理。

其次，在多目标决策中，对各个方案关于某一指标的分值而言，如果决策者认为差异程度越小的指标越重要，可将熵值进行归一化后作为该指标的客观权重。如果决策者认为差异程度越大的指标越重要（如偏差大的指标更能反映各方案的差异），则可用熵的互补值进行归一化处理后作为指标的客观权重。而熵模型所含的对各个指标的归一化处理过程，正可以科学地对定性指标进行一定的定量化处理，实现将定性指标和定量指标有机结合的综合测度。

最后，在熵模型中，由于熵权系数方法本身的特点，各指标的权重由其自身数据决定，不仅更具客观性，使指标更能反映上市公司本身所含的固有信息，而且消除了上市公司因行业、规模不同而形成的不可比，使得最终的结果具有可比性，使得模型更具普遍的适用性。

综合以上考虑，本书将选用熵理论来构建信息披露质量测度模型。而考虑到上市公司信息披露测度指标中，指标的差异度越大就越受关注，也就越重要，因此，本书在计算指标的客观权重时，选用熵的互补值进行归一化处理。

3.5.3　熵模型的原理与理论基础

熵（Entropy）的概念源于热力学，表示不能用来做功的热能的变化量除以温度所得的商。后由香农（Shannon）[165]引入信息论，现已在工程技术、社会经济等领域得到广泛应用，是一种多目标决策的有效方法。在信息论中，信息是系统有序程度的一个度量，熵是系统无序程度的一个度量，二者绝对值相等，方向相反[166~167]。当系统可能处于几种不同状态，每种状态出现的概率为 $p_i(i=1,\cdots,m)$ 时，该系统的熵定义为

$$E = -\sum_{i=1}^{m} p_i \ln p_i \qquad (3-5)$$

设有 m 种个体预测方法，n 个误差指标，形成原始误差指标矩阵 $R = (r_{ij})_{m \times n}$，对于某个指标 r_j，

$$E_j = -\sum_{i=1}^{m} p_{ij} \ln p_{ij}, \ (j=1,\cdots,n) \qquad (3-6)$$

其中：

$$p_{ij} = \frac{r_{ij}}{\sum\limits_{i=1}^{m} r_{ij}} \qquad (3-7)$$

某个误差指标的信息熵越小，表明其指标的变异程度越大，提供的信息量越大；反之，某个指标的信息熵越大，表明其指标的变异程度越小，提供的信息量越小。所以，可根据各个误差指标值的变异程度，利用信息熵这一工具，计算各误差指标的权重，并为计算各个体指标权重提供重要依据。

3.5.4　熵测度模型的构建

基于熵模型的原理与理论基础，结合前面构建的信息披露质量测度指标体系，即可构建信息披露质量的熵测度模型：

（1）建立初始矩阵

根据 m 家上市公司所得到的指标集 $X^* = \{x_1^*, x_2^*, \cdots, x_n^*\}$，可以得到 m 家上市公司对应于 n 个评价指标的初始矩阵 X^*：

$$X^* = \begin{pmatrix} x_{11}^* & \cdots & x_{1n}^* \\ \vdots & \ddots & \vdots \\ x_{m1}^* & \cdots & x_{mn}^* \end{pmatrix} \qquad (3-8)$$

（2）求出无量纲化矩阵

指标间的量纲和数量级不一样，导致数据间的差异很大，为了消除指标间量纲和数量级的影响，缩小极端值对结果的影响，就需要对数据进行变换。而由于在评价指标中，有些指标为正指标，指标数值越大越好，如董事会中外部董事比例等；有些指标为反指标，指标数值越小越好，如第一大股东持股比例等；还有一些为适度指标，过大或过小都不好，如资产负债率、流动比率等。为了使各指标具有可比性，在进行无量纲处理时，就需要考虑指标类别，分别进行处理[168~171]。具体而言，对 X^* 做无量纲化处理，得到：$X' = (x'_{ij})_{m \times n}$。式中，$x'_{ij}$ 是第 i 家上市公司在指标 j 上的值。且：

$$x'_{ij} = \begin{cases} \dfrac{x^*_{ij}}{\max\limits_{j}\{x^*_{ij}\}}, & x^*_{ij} \in R_1 \\[4mm] \dfrac{\min\limits_{j}\{x^*_{ij}\}}{x^*_{ij}}, & x^*_{ij} \in R_2 \\[4mm] \dfrac{\min\limits_{j}|a - x^*_{ij}|}{|a - x^*_{ij}|}, & x^*_{ij} \in R_3 \end{cases} \qquad (3-9)$$

式中：

R_1——正指标；

R_2——反指标；

a——适度指标的理论最优值；

R_3——适度指标。

对于在无量纲化处理后仍为负值的数据，为了避免在熵值求权数时取对数无意义，须对数据进行处理。处理方法有功效系数法和标准化法，在此采用标准化法。根据 3δ 原则，将数据进行平移。

（3）计算第 j 项指标下第 i 家上市公司指标值的比重 p_{ij}

$$p_{ij} = \frac{x_{ij}}{\sum\limits_{i=1}^{m} x_{ij}}, \quad (i = 1, \cdots, m; j = 1, \cdots, n) \qquad (3-10)$$

（4）计算第 j 项指标的熵值 e_j

$$E_j = -\sum_{i=1}^{m} p_{ij}\ln p_{ij}, \quad (i = 1, \cdots, m; j = 1, \cdots, n) \qquad (3-11)$$

式（3-11）中，E_j 表示指标 j 反映系统信息的多少，或 j 的非确定性有多大，若 p_{ij} 全相等，则 $E_j = \ln m = E_{\max}$。用 $E_{\max}$ 对 E_j 进行归一化处理，得：

$$e_j = \frac{E_j}{\ln m}, \quad (j = 1, \cdots, n) \qquad (3-12)$$

（5）计算第 j 项指标的客观权重 θ_j

$$\theta_j = \frac{1 - e_j}{\sum\limits_{j=1}^{n} (1 - e_j)} , \quad (j = 1, \cdots, n) \tag{3-13}$$

（6）计算上市公司 i 的信息披露质量综合评价系数（熵权评价值）IQ_i

$$IQ_i = \sum\limits_{j=1}^{n} \theta_j p_{ij} , \quad (i = 1, \cdots, m; j = 1, \cdots, n) \tag{3-14}$$

3.6 本 章 小 结

本章主要对信息披露质量的基础理论以及信息披露质量对股权融资成本的影响进行理论分析。首先，对会计信息质量的相关问题进行界定，指出本书研究基础是公司年报，并且着重研究资产负债表、利润表及现金流量表这三大报表的信息质量，以这三大报表的信息质量作为会计信息质量的替代变量。通过对真实性、可靠性、及时性、相关性相互之间关系的辨析，结合我国资本市场的现实情况，提出以真实性和及时性作为衡量会计信息质量的标准。具体在真实性与及时性的关系上，将兼顾真实性与及时性，以满足年报真实可靠前提下的及时性作为衡量标准。同时，通过对我国公司治理中三大主体的分析，指出在我国目前的公司治理结构下，对会计信息质量起决定性作用的行为主体只能是经理层。

其次，对会计信息质量的形成路径、构成要素进行了研究。根据会计信息形成过程，结合会计信息质量内涵，提出本书的会计信息质量形成路径。通过详尽的分析，提出本书所指信息披露质量仅指信息披露过程这一环节的质量，是对通过会计信息生成系统形成的关于公司内部的股权结构、治理结构、财务信息和其他重要信息面向社会公开传递的上市公司信息披露过程的整体评价，主要从真实性和及时性两方面进行测度。通过对信息披露质量形成路径的具体分析，指出信息披露质量是随着信息披露过程的进行而逐渐形成的，具体而言，在年报编制阶段主要决定上市公司信息披露质量最基本的特征——真实性，而在年报对外披露阶段将决定上市公司信息披露质量的另一个主要特征——及时性。年报的真实性主要受公司治理结构、财务指标状况、外部审计状况以及会计报表项目之间的相关关系四类因素影响，而年报及时性则主要依靠年报时滞来表征。

随后，进行了信息披露质量具体测度指标的选择。基于上述研究结论以及进行信息披露质量定量测度的目标，本书对这些因素进行了操作层面的细化，提出了具有操作性的测度指标。具体而言，真实性以第一大股东持股比例、董事会中外部董事比例、审计委员会的设立、前十大股东中是否有机构投资者、两权分离程度、盈利能力、偿债能力、营运能力、审计意见、审计师事务所品牌、应计项目质量等指标表征，及时性以余量时滞——时滞自由裁量权和报告时间指数表征。同时，对以往研究中涉及的但未进入本书研究指标体系的原因进行了说明。接着，根据信息披露质量评价指标，设置了 18 个具体的操作变量，从而形成了在会计信息质量的真实性和及时性特征指导下的、由"公司治理因素"、"财务指标状况"、"外部审计状况"和"报表项目间相关关系"表征的"真实性"以及"余量时滞——时滞自由裁量权"和"报告时间指数"表征的"及时性"两类共 18 个指标构成的信息披露质量评价指标体系。

最后，通过对现有测度方法如信息披露数量替代、信息含量替代、财务报告盈余质量替代、机构的测评结果及信息披露质量的指标测度等进行评述，指出该类方法虽然为更好地开展信息披露质量的相关研究做出了贡献，但是，却存在着诸多尚待改进之处。并通过对熵权评价模型自身优越性以及熵模型的原理与基础理论的分析，表明本书选用熵理论来构建信息披露质量测度模型的合理性和适用性。同时，考虑到上市公司信息披露测度指标中，指标的差异度越大就越受关注也就越重要，因此，在计算指标的客观权重时，本书选用熵的互补值进行归一化处理，并在此基础上构建具体的信息披露质量熵测度模型。

第4章

信息披露质量熵测度模型
有效性实证检验

本书的后续研究将以信息披露质量熵测度模型的计算结果作为衡量我国上市公司信息披露质量的指标，为了提高后续研究结论的可靠性，在展开信息披露质量对股权融资成本影响的检验之前，需要先对信息披露质量熵测度模型的有效性进行初步的检验。因此，本章进行信息披露质量熵测度模型有效性的实证检验。具体思路为：在第三章提出的评价指标体系和构建的信息披露质量熵权评价模型的基础上，通过配对样本比较和统计指标检验的方法，进行信息披露质量熵测度有效性的实证检验，即验证使用熵模型测度信息披露质量的有效性。而这一研究结论，将为在后文进行信息披露质量对股权融资成本影响的实证研究提供关键的方法支持。

4.1 检验标准提出

由于国内外对信息披露质量测度的研究均尚处探索阶段，因此，尚无十分合适的对本研究结果有效性进行验证的权威资料或方法。就国内现有研究资料而言，仅有杨红，杨淑娥，张栋（2007）在基于熵理论的上市公司信息披露质量测度中，以深圳证券交易所（www. szse. cn）公布的对深市上市公司信息披露考评结果进行相应检验，从而证明使用熵权测度模型所得上市公司信息披露评价结果，虽然存在一定的差异，但80.33%公司的结果基本一致，熵权测度模型在一定程度上是合理、有效的。但同时该文也指出，由于深市上市公司信息披露考评只是深圳证券交易所对在深市上市公司信息披露状况的一个综合考评[172]，而本书所构建的信息披露质量熵权测度模型，其测度目标不仅包括深市上市公司，还包括沪市上市公司，而相对于深市，沪市尚没有较完善考评结果，因而无法采用上述方法对其有效性进行检验。而罗竟男在检验应用 Francis 模型的有效性时，提出以公司是否受到证监会和证券交易所违规处理作为分组标准，通过对违规样本组和其他样本组的比较，得出了证实的结论[61]。事实上，张程睿（2007）[173]也以被证监会、上交所、深交所、财政部等公开批评的违规披露公司作为信息披露质量差的样本，并对之 1∶1 配以信息披露质量较高的公司对该两组公司进行分类量化研究，作为对深交所考评衡量方法的补充和稳健性验证。

本书认为，虽然两种有效性验证方法在具体实施上有所不同：后者验证所采用的分组标准为公司是否受到证监会和证券交易所违规处理；而前者所采用的参照标准为深圳证券交易所公布的对深市上市公司信息披露考评结果。事实上，在我国，证券交易所的功能主要体现在通过上市规则和上市协议监管上市公司、通过交易所章程和会员规程监管会员、通过交易规则和实时监控监管市场交易行为个方面。也就是说，证券交易所更多的行使监管职能。因此，有理由相信，其对深市上市国内公司信息披露考评，无论是在考评办法还是相关指标的设计上，会更加突出监管方面，这与后者所采用的以公司是否受到证监会和证券交易所违规处理作为分组标准有异曲同工之处。而且，这种以公司是否受到证监会和证券交易所违规处理作为分组标准，通过对违规样本组和其他样本组相应结果进行比较，从而验证研究对象有效性的验证方法，还解决了前者存在的无法对沪市上市公司进行验证的问题。

因此，参照后者研究，本书以公司是否受到证监会和证券交易所违规处理作为分组标准，通过配对样本比较，实证检验所构建熵模型测度上市公司会计信息质量的有效性，并提出以下检验标准：

H0：由于虚构利润、虚列资产、虚假陈述或重大遗漏而受到证监会和证券交易所处理的违规公司，其信息披露质量显著低于配对公司。

4.2　研　究　设　计

4.2.1　资料、数据来源

本书所用资料及原始数据主要来自香港理工大学中国会计与金融研究中

心和深圳市国泰安信息技术有限公司开发的上市公司数据库（以下简称CSMAR数据库）。对CSMAR数据库中缺失或没有的项目，则根据各家公司披露的年度报告，逐家整理取得，各公司各年度年报主要从以下网站获取：中国证券监督管理委员会网站（http：//www. csrc. gov. cn）、中国上市公司资讯网（http：//www. cnlist. com）、巨潮资讯网（http：//www. cninfo. com. cn）、网易财经（http：//money. 163. com）等。

4.2.2　样本选取标准

前文已述，为了进行信息披露质量熵测度模型的有效性检验，本书将采取配对样本比较的方法进行实证研究，并将公司类型分为违规样本和配对样本。由于样本选取直接关系到实证检验结果正确与否，因此，本书在此对样本选取标准进行专门说明。

（1）违规样本

当前规范我国上市公司信息披露的制度体系包括基本法律、行政法规、部门规章和自律规则四个层次。具体到上市公司财务报表质量，这四个层次的法律法规分别为：第一层次为基本法律，主要是指《公司法》和《证券法》等基本国家财经法律，还包括《刑法》等法规中的有关规定；第二层次是行政法规，主要包括：国务院于1993年4月发布的《股票发行与交易管理暂行条例》等；第三层次为部门规章，主要是指中国证监会制定的适用于上市公司信息披露的制度规范，包括：《公开发行股票公司信息披露实施细则》、《禁止证券欺诈行为暂行办法》、《公开发行股票公司信息披露的内容与格式准则》、《公开发行证券的公司信息披露编报规则》、《公开发行证券的公司信息披露规范问答》等；第四层次为自律性规则，主要是指证券交易所制定的《上市规则》等。这套法规和制度体系，不但科学地规范了上市公司财务报告的内容、形式及标准，同时也对上市公司披露财务报告的违规行为及处理做出了规定。

在我国，拥有对上市公司财务报告披露违规行为做出处罚的机构主要有中国证监会和深圳证券交易所、上海证券交易所三家机构。中国证监会对上市公司信息披露违规行为的处罚主要有四类：警告、没收非法获取的股票和其他非法所得、罚款及停止其发行股票的资格。而证券交易所对上市公司的处罚主要包括责令改正、内部通报批评、在指定报纸和网站上公开谴责、支付惩罚性违约金等，如表 4 - 1 所示[61]：

表 4 - 1　　　　　　　　监管部门的权限划分和权限类型

监管部门	监管权限				
	处罚权（类型）				调查取证权
中国证监会	警告	没收非法所得	罚款	停发股票	有
证券交易所	责令改正	内部通报批评	公开谴责	支付罚金	无

CSMAR 数据库的上市公司违规处理研究数据库综合了上述机构的处理，将对上市公司信息披露违规行为的处理分为公开批评、公开谴责、行政处罚、立案调查和其他五大类。此外，该数据库将违规行为具体划分为14 类：违约购买股票、虚构利润、虚列资产、擅自改变资金用途、推迟披露、虚假陈述、出资违规、重大遗漏、大股东占用上市公司资产、操纵股价、欺诈上市、违规担保、违规炒作及其他。

由于本书研究对象仅为上市公司信息披露质量，因此所指违规样本仅包括虚构利润、虚列资产、虚假陈述、重大遗漏及其他这五项违规行为的上市公司。其中，"推迟披露"是指披露时间比规定时间晚的行为，在数据库中与"重大遗漏"的区别在于在处罚决定出台前是否曾披露；"虚假陈述"是区别于虚构利润和虚列资产而言的，在数据库中为了突出"虚增利润"及"虚列资产"，将其他虚假信息归为"虚假陈述"[174]。

（2）配对样本

常见的选取配对样本的方法有三种：与样本公司处于同一行业；与样本公司处于同一行业且公司规模相近；与样本公司处于同一行业且有着相近的事业业绩[175]。不同行业公司在经营业务上存在显著差异，行业配对可以消除行业差异对公司的影响，因此，行业相同是选取配对样本时首要考虑因素。公司规模显著影响公司透明度（Kim Jinbae，2005）[8]，因此，规模的影响也不容忽视。而且，受各年度宏观环境的影响不同，不同年份之间公司的可比性也大大降低。因此，本书选取同行业上市公司（按中国证监会发布的《上市公司行业分类指引》进行分类，除工业类因行业内差异显著而按二级代码分类外，其余行业均按一级代码分类进行计算），同规模、同数量的公司作为配对样本。考虑到样本选取过程中数据缺失等特殊情况，具体考虑了以下问题：

①为了使样本更具有代表性，配对样本公司的选取是在保持同行业、同规模的原则下随机抽取的；

②由于违规样本公司所涉及违规的年度不同，因此，配对样本公司行业、规模指标是指与违规样本公司违规年度同期的指标；

③配对样本公司选取时，以同行业为第一选择标准，即在资产规模不同的情况下，也须保持行业的一致性；

④由于 ST、PT 公司的信息披露要求不同，因此，如果最符合前三项条件的（在行业、年度相同条件下，规模差异最小）上市公司为 ST、PT 类公司，则配对样本选择非 ST、PT 类公司中规模差异最小的公司（在行业、年度相同的条件下）；

⑤由于计算应计项目质量时，需要至少前 2 个会计年度的财务数据。因此，为每一年度违规样本配对时，配对样本除满足以上 4 个条件外，还必须是上市日期距离违规样本违规年度满 2 年的公司；

⑥剔除数据缺失、畸高或畸低公司。

（3）时间选择

考虑到信息披露的时效性及对投资者决策的指导意义，本书以 1999 ~ 2006 年为样本区间。对于涉及违规的年度为两年及以上的上市公司，以其最后一次涉及违规的年度作为研究指标的选取时间。如 000521（美菱电器），违规行为涉及 1998 年、1999 年、2000 年、2001 年、2002 年 5 个会计年度，在进行实证研究时，仅以 2002 年作为研究指标的选取时间。

4.2.3 研究样本

按照上述样本选择标准，本书得到了在 1999 ~ 2006 年受到证监会和证券交易所违规处理，且违规类型为虚构利润、虚列资产、虚假陈述、重大遗漏或其他的违规企业共 20 家（见表 4 - 2），同时选取其配对样本 20 家（见表 4 - 3），共得到样本总数为 40 家。

表 4 – 2　　　　　　　　违规企业样本组违规情况一览表

序号	证券代码	证券简称	违规类型	违规的时间（年）	处理类型
1	000023	深天地 A	重大遗漏	2001	公开谴责
2	000029	深深房 A	重大遗漏	2001	公开谴责
3	000035	中科健 A	重大遗漏，操纵股价，推迟披露	2000，2001	公开谴责行政处罚
4	000039	中集集团	违规购买股票，虚假陈述	1994，1995，1996，1997，1998，1999	行政处罚
5	000050	深天马	擅自改变资金用途，重大遗漏	2001，2002	公开谴责
6	000514	渝开发	虚假陈述，重大遗漏	1998，1999，2000	行政处罚
7	000521	美菱电器	推迟披露，虚假陈述，重大遗漏	1998，1999，2000，2001，2002	公开谴责
8	000549	湘火炬 A	其他	2003，2004	公开谴责
9	000557	银广夏 A	虚假陈述，重大遗漏，虚构利润	1998，1999，2000，2001	公开谴责行政处罚
10	000573	粤宏远 A	擅自改变资金用途，重大遗漏，大股东占用资产	1998，1999，2000	公开谴责
11	000583	托普科技	其他	2003，2004	公开谴责
12	000584	蜀都 A	重大遗漏	2001	公开谴责
13	600610	中纺机	重大遗漏	2001	公开谴责
14	600615	丰华圆珠	操纵股价，推迟披露，重大遗漏	2000，2001，2002，2003，2004	公开批评公开谴责
15	600622	嘉宝实业	违规购买股票，虚构利润	1996，1997，1998，1999	行政处罚

续表

序号	证券代码	证券简称	违规类型	违规的时间（年）	处理类型
16	600629	上海棱光	重大遗漏	1997，1998，1999	公开谴责
17	600640	联通国脉	重大遗漏	2000	公开批评
18	600653	申华控股	推迟披露，虚构利润，虚假陈述	2002，2003	公开谴责
19	600677	浙江中汇	重大遗漏	2001	公开谴责
20	600698	济南轻骑	虚假陈述	2002	公开谴责

表 4 - 3　　　　　　　　违规样本与配对样本一览表

违规样本组			财务年度	行业	配对样本组		
证券代码	证券简称	规模			证券代码	证券简称	规模
000023	深天地 A	828512506.8	2001	M	600823	世茂股份	827055212.5
000029	深深房 A	3473212635	2001	J	600643	S 爱建	3226354322
000035	中科健 A	1343467748	2001	G	600105	永鼎光缆	1319481929
000039	中集集团	6622510638	1999	C6	600898	鞍钢股份	6971340000
000050	深天马	1023249108	2002	C5	000697	咸阳偏转	1150247829
000514	渝开发	497659239.5	2000	J	000616	亿城股份	523659567.6
000521	美菱电器	2300035010	2002	C7	600841	上柴股份	2312516619
000549	湘火炬 A	8973612104	2004	C7	600786	东方锅炉	9150790307
000557	银广夏 A	1390560083	2001	C0	000702	正虹科技	1402121091
000573	粤宏远 A	2270217401	2000	J	600064	南京高科	2132310720
000583	托普科技	1887473795	2004	G	600621	上海金陵	1789342004
000584	蜀都 A	754798890.4	2001	M	000572	海马股份	737645713.1
600610	中纺机	637582010.6	2001	C7	000676	思达高科	631131263.4
600615	丰华圆珠	693205611.5	2004	C4	000683	天然碱	2012998100
600622	嘉宝实业	1252459471	1999	M	000632	三木集团	1273634142

续表

违规样本组			财务年度	行业	配对样本组		
证券代码	证券简称	规模			证券代码	证券简称	规模
600629	上海棱光	556791303.3	1999	C6	600720	祁连山	549159775.4
600640	联通国脉	1360093889	2000	G	600601	方正科技	1308750890
600653	申华控股	4726698426	2003	M	600635	大众公用	4538444885
600677	浙江中汇	1874277485	2001	M	600778	友好集团	1916039727
600698	济南轻骑	953585195.3	2002	C7	600710	常林股份	947777181.2

4.3　实　证　检　验

4.3.1　基于熵测度模型的两组样本信息披露质量计算

在本书构建的熵测度模型中，大部分指标（详见表 3-2）值都可以通过国泰安数据库或上市公司年报直接获取或者经过简单的数据处理得到，而应计项目质量则需要经过较为复杂的计算过程，因此，在此仅对应计项目质量的计算做以单独说明。

（1）应计项目质量计算

依据 Francis 模型：

$$\frac{A_t}{Asset_t} = \varphi_0 + \varphi_1 \frac{CFO_{t-1}}{Asset_t} + \varphi_2 \frac{CFO_t}{Asset_t} + \varphi_3 \frac{CFO_{t+1}}{Asset_t} + \varphi_4 \frac{\Delta Rev_t}{Asset_t} + \varphi_5 \frac{PPE_t}{Asset_t} + \nu_t$$

$$(4-1)$$

运用 SPSS13.0 对 40 家样本公司进行回归分析，得到分年度的应计项目质量估计方程分别为：

1999 年：

$$\frac{\hat{A}_t}{Asset_t} = 0.002 + 0.000 \times \frac{CFO_{t-1}}{Asset_t} + 1.004 \times \frac{CFO_t}{Asset_t} + 0.001$$

$$\times \frac{CFO_{t+1}}{Asset_t} + 0.003 \times \frac{\Delta Rev_t}{Asset_t} + 0.052 \times \frac{PPE_t}{Asset_t} \qquad (4-2)$$

2000 年：

$$\frac{\hat{A}_t}{Asset_t} = -0.002 + 0.011 \times \frac{CFO_{t-1}}{Asset_t} + 0.994 \times \frac{CFO_t}{Asset_t} + 0.00$$

$$\times \frac{CFO_{t+1}}{Asset_t} + 0.008 \times \frac{\Delta Rev_t}{Asset_t} + 0.059 \times \frac{PPE_t}{Asset_t} \qquad (4-3)$$

2001 年：

$$\frac{\hat{A}_t}{Asset_t} = 0.001 + 0.007 \times \frac{CFO_{t-1}}{Asset_t} + 1.01 \times \frac{CFO_t}{Asset_t} - 0.000$$

$$\times \frac{CFO_{t+1}}{Asset_t} + 0.009 \times \frac{\Delta Rev_t}{Asset_t} + 0.057 \times \frac{PPE_t}{Asset_t} \qquad (4-4)$$

2002 年：

$$\frac{\hat{A}_t}{Asset_t} = -0.001 + 0.000 \times \frac{CFO_{t-1}}{Asset_t} + 0.994 \times \frac{CFO_t}{Asset_t} - 0.001$$

$$\times \frac{CFO_{t+1}}{Asset_t} + 0.011 \times \frac{\Delta Rev_t}{Asset_t} + 0.062 \times \frac{PPE_t}{Asset_t} \qquad (4-5)$$

2003 年：

$$\frac{\hat{A}_t}{Asset_t} = 0.000 - 0.004 \times \frac{CFO_{t-1}}{Asset_t} + 1.004 \times \frac{CFO_t}{Asset_t} + 0.003$$

$$\times \frac{CFO_{t+1}}{Asset_t} + 0.008 \times \frac{\Delta Rev_t}{Asset_t} + 0.062 \times \frac{PPE_t}{Asset_t} \qquad (4-6)$$

2004 年：

$$\frac{\hat{A}_t}{Asset_t} = -0.004 + 0.003 \times \frac{CFO_{t-1}}{Asset_t} + 0.997 \times \frac{CFO_t}{Asset_t} - 0.005$$

$$\times \frac{CFO_{t+1}}{Asset_t} + 0.011 \times \frac{\Delta Rev_t}{Asset_t} + 0.072 \times \frac{PPE_t}{Asset_t} \qquad (4-7)$$

根据分年度的应计项目质量估计方程，即可得到两组样本公司（40家）对应年份的残差 ν_t（应计项目质量），如表 4-4 所示①。

---

① 为了更方便地进行残差比较，本书取其绝对值作为应计项目质量的表征。同时，为简化表述，表内 $\frac{A_t}{Asset_t}$ 以 A_t 表示，$\frac{\hat{A}_t}{Asset_t}$ 以 $\hat{A}_t$ 表示。

表4-4　　　违规样本与配对样本应计项目质量计算表

违规样本				年度	配对样本			
证券代码	A_t	$\hat{A}_t$	ν_t		证券代码	A_t	$\hat{A}_t$	ν_t
000039	-0.04764	-0.04909	0.001457	1999	000898	1.635128	1.627185	0.007943
600622	-0.08536	-0.09006	0.004697	1999	000632	0.442118	0.446456	0.004338
600629	0.142733	0.13895	0.003783	1999	600720	0.255155	0.263416	0.008262
000514	0.042569	0.040928	0.001641	2000	000616	0.018908	0.033731	0.014823
000573	0.047717	0.047144	0.000572	2000	600064	0.171616	0.177229	0.005613
600640	-0.09165	-0.11211	0.020457	2000	600601	-0.49546	-0.49089	0.004567
000023	0.110917	0.105415	0.005503	2001	600823	-0.58246	-0.58601	0.003552
000029	-0.03978	-0.03906	0.000713	2001	600643	0.07464	0.07654	0.0019
000035	0.631377	0.63686	0.005483	2001	600105	0.052644	0.054345	0.001701
000557	0.518175	0.506461	0.011714	2001	000702	0.130407	0.13118	0.000773
000584	-0.15149	-0.13434	0.017144	2001	000572	-0.01553	-0.01499	0.000544
600610	-0.10935	-0.10404	0.005306	2001	000676	-0.49997	-0.50733	0.007366
600677	0.012307	0.009993	0.002315	2001	600778	0.303924	0.288625	0.015299
000050	0.372113	0.366098	0.006015	2002	000697	0.04154	0.039011	0.002529
000521	-0.12714	-0.12546	0.001677	2002	600841	-0.14863	-0.15153	0.002893
600698	-0.18659	-0.18063	0.005965	2002	600710	0.257092	0.261567	0.004475
600653	-0.12676	-0.12355	0.003209	2003	600635	0.035706	0.032345	0.00336
000549	0.642715	0.623406	0.019309	2004	600786	0.221269	0.215844	0.005425
000583	0.392429	0.401014	0.008585	2004	600621	0.154004	0.144586	0.009418
600615	-0.20878	-0.19571	0.013071	2004	000683	0.130856	0.150035	0.01918

（2）信息披露质量计算[①]

在计算得到应计项目质量的基础上，结合国泰安数据库（CSMAR）

[①]　由于进行本次实证检验时，审计师事务所品牌这一指标需要1999~2004年连续6年的会计师事务所排名数据，而2003年12月23日，中国注册会计师协会才第一次向社会公开发布会计师事务所全国前百家信息，因此，在进行本次实证检验时，将不包括审计师事务所品牌这一指标。

和上市公司年报数据，采用 Excel 和 SPSS 软件处理，即可得到按年度排列的熵测度模型下两组样本（40 家上市公司）信息披露质量测度结果（见表 4 – 5）。

表 4 – 5　　　　　样本公司信息披露质量测度结果

证券代码	证券简称	财务年度	信息披露质量（%）
000039	中集集团	1999	1.4186
000632	三木集团	1999	3.6281
000898	鞍钢股份	1999	6.4533
600622	嘉宝实业	1999	1.4886
600629	上海棱光	1999	1.4825
600720	祁连山	1999	2.3407
000514	渝开发	2000	0.9388
000573	粤宏远 A	2000	2.2168
000616	亿城股份	2000	1.3720
600064	南京高科	2000	2.0205
600601	方正科技	2000	5.8861
600640	联通国脉	2000	3.0373
000023	深天地 A	2001	1.4183
000029	深深房 A	2001	1.9642
000035	中科健 A	2001	1.7524
000557	银广夏 A	2001	1.8585
000572	海马股份	2001	2.2026
000584	蜀都 A	2001	0.8707
000676	思达高科	2001	2.1166
000702	正虹科技	2001	3.1298
600105	永鼎光缆	2001	2.2085
600610	中纺机	2001	0.9952
600643	S 爱建	2001	2.2847

续表

证券代码	证券简称	财务年度	信息披露质量（%）
600677	浙江中汇	2001	1.5813
600778	友好集团	2001	2.2149
600823	世茂股份	2001	1.5374
000050	深天马	2002	2.1863
000521	美菱电器	2002	2.1452
000697	咸阳偏转	2002	2.9913
600698	济南轻骑	2002	1.8918
600710	常林股份	2002	4.5866
600841	上柴股份	2002	2.9041
600635	大众公用	2003	4.7501
600653	申华控股	2003	3.7647
000549	湘火炬 A	2004	2.0948
000583	托普科技	2004	1.9190
000683	天然碱	2004	2.1942
600615	丰华圆珠	2004	3.0741
600621	上海金陵	2004	2.8973
600786	东方锅炉	2004	4.1642

4.3.2　基于对照样本组的熵测度模型有效性检验

（1）基于样本总体的检验

为了从总体上把握测度模型对上市公司信息披露质量测度的有效性，首先对全样本信息披露质量结果进行排序，观测违规样本与配对样本组排位上的差异性（违规样本以"1"标识，以示区别，下同），如表 4-6 所示。

表4－6 **违规样本组与配对样本组信息披露质量**
测度结果排位比较表

排位	代码	证券简称	年份	信息披露质量（％）	违规样本
1	000898	鞍钢股份	1999	6.4533	
2	600601	方正科技	2000	5.8861	
3	600635	大众公用	2003	4.7501	
4	600710	常林股份	2002	4.5866	
5	600786	东方锅炉	2004	4.1642	
6	600653	申华控股	2003	3.7647	1
7	000632	三木集团	1999	3.6281	
8	000702	正虹科技	2001	3.1298	
9	600615	丰华圆珠	2004	3.0741	1
10	600640	联通国脉	2000	3.0373	1
11	000697	咸阳偏转	2002	2.9913	
12	600841	上柴股份	2002	2.9041	
13	600621	上海金陵	2004	2.8973	
14	600720	祁连山	1999	2.3407	
15	600643	S爱建	2001	2.2847	
16	000573	粤宏远A	2000	2.2168	1
17	600778	友好集团	2001	2.2149	
18	600105	永鼎光缆	2001	2.2085	
19	000572	海马股份	2001	2.2026	
20	000683	天然碱	2004	2.1942	
21	000050	深天马	2002	2.1863	1
22	000521	美菱电器	2002	2.1452	1
23	000676	思达高科	2001	2.1166	
24	000549	湘火炬A	2004	2.0948	1
25	600064	南京高科	2000	2.0205	
26	000029	深深房A	2001	1.9642	1
27	000583	托普科技	2004	1.9190	1

续表

排位	代码	证券简称	年份	信息披露质量（%）	违规样本
28	600698	济南轻骑	2002	1.8918	1
29	000557	银广夏 A	2001	1.8585	1
30	000035	中科健 A	2001	1.7524	1
31	600677	浙江中汇	2001	1.5813	1
32	600823	世茂股份	2001	1.5374	
33	600622	嘉宝实业	1999	1.4886	1
34	600629	上海棱光	1999	1.4825	1
35	000039	中集集团	1999	1.4186	1
36	000023	深天地 A	2001	1.4183	1
37	000616	亿城股份	2000	1.3720	
38	600610	中纺机	2001	0.9952	1
39	000514	渝开发	2000	0.9388	1
40	000584	蜀都 A	2001	0.8707	1

注：违规样本以"1"标识。

从表 4-6 可以看出，依据熵权测度模型计算的信息披露质量数据，20 家配对样本公司（非违规企业）中有 16 家排在前 20 位（即 80% 的配对样本排在前 20 位），虽然排在后 20 位的并不都是违规企业，但这也在某种程度上反映了上市公司降低信息披露质量手段之隐蔽性；同时还发现，排名越靠后，违规企业出现的频率越高，如图 4-1 所示。这从一定程度上表明信息披露质量熵测度模型的有效性，经验性验证 H0 假设。

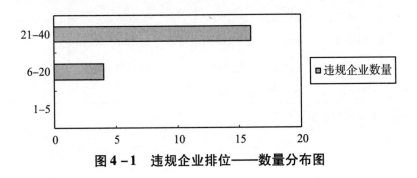

图 4-1　违规企业排位——数量分布图

（2）基于分年度样本的检验

在总样本分析的基础上，为了更具针对性的表明测度模型对上市公司信息披露质量测度的有效性，本书分别各财务年度，对信息披露质量结果进行排序，如表4－7~表4－12所示。

表4－7　　　　1999 年违规样本与配对样本信息披露质量
测度结果排位比较表

排位	代码	证券简称	年份	信息披露质量（%）	违规样本
1	000898	鞍钢股份	1999	6.4533	
2	000632	三木集团	1999	3.6281	
3	600720	祁连山	1999	2.3407	
4	600622	嘉宝实业	1999	1.4886	1
5	600629	上海棱光	1999	1.4825	1
6	000039	中集集团	1999	1.4186	1

注：违规样本以"1"标识。

表4－8　　　　2000 年违规样本与配对样本信息披露质量
测度结果排位比较表

排位	代码	证券简称	年份	信息披露质量（%）	违规样本
1	600601	方正科技	2000	5.8861	
2	600640	联通国脉	2000	3.0373	1
3	000573	粤宏远A	2000	2.2168	1
4	600064	南京高科	2000	2.0205	
5	000616	亿城股份	2000	1.3720	
6	000514	渝开发	2000	0.9388	1

注：违规样本以"1"标识。

表 4 - 9　　　　**2001 年违规样本与配对样本信息披露质量**

测度结果排位比较表

排位	代码	证券简称	年份	信息披露质量（%）	违规样本
1	000702	正虹科技	2001	3.1298	
2	600643	S 爱建	2001	2.2847	
3	600778	友好集团	2001	2.2149	
4	600105	永鼎光缆	2001	2.2085	
5	000572	海马股份	2001	2.2026	
6	000676	思达高科	2001	2.1166	
7	000029	深深房 A	2001	1.9642	1
8	000557	银广夏 A	2001	1.8585	1
9	000035	中科健 A	2001	1.7524	1
10	600677	浙江中汇	2001	1.5813	1
11	600823	世茂股份	2001	1.5374	
12	000023	深天地 A	2001	1.4183	1
13	600610	中纺机	2001	0.9952	1
14	000584	蜀都 A	2001	0.8707	1

注：违规样本以"1"标识。

表 4 - 10　　　　**2002 年违规样本与配对样本信息披露质量**

测度结果排位比较表

排位	代码	证券简称	年份	信息披露质量（%）	违规样本
1	600710	常林股份	2002	4.5866	
2	000697	咸阳偏转	2002	2.9913	
3	600841	上柴股份	2002	2.9041	
4	000050	深天马	2002	2.1863	1
5	000521	美菱电器	2002	2.1452	1
6	600698	济南轻骑	2002	1.8918	1

注：违规样本以"1"标识。

表4 – 11   2003 年违规样本与配对样本信息披露质量
测度结果排位比较表

排位	代码	证券简称	年份	信息披露质量（%）	违规样本
1	600635	大众公用	2003	4.7501	
2	600653	申华控股	2003	3.7647	1

注：违规样本以"1"标识。

表4 – 12   2004 年违规样本与配对样本信息披露质量
测度结果排位比较表

排位	代码	证券简称	年份	信息披露质量（%）	违规样本
1	600786	东方锅炉	2004	4.1642	
2	600615	丰华圆珠	2004	3.0741	1
3	600621	上海金陵	2004	2.8973	
4	000683	天然碱	2004	2.1942	
5	000549	湘火炬 A	2004	2.0948	1
6	000583	托普科技	2004	1.9190	1

注：违规样本以"1"标识。

从分年度的违规样本与配对样本信息披露质量测度结果排位比较表可以看出，依据熵权测度模型计算的信息披露质量数据，1999 年、2001 年、2003 年的配对样本公司（非违规企业）排位全高于违规企业，2000 年、2004 年虽然略有低于现象，但整体排位仍然较高。这也从一定程度上表明信息披露质量熵测度模型的有效性，经验性验证 H0 假设。

（3）基于配对样本的比照检验

在分年度分析的基础上，为了更清晰的表明测度模型对上市公司信息披露质量测度的有效性，本书根据样本选择时的配对，对违规样本组与配对样本组信息披露质量测度结果进行了比照，如表 4 – 13 所示。

**表 4 - 13　　　违规样本组与配对样本组信息披露质量
测度结果配对比照表**

组别	年份	违规样本组			测度结果比较	配对样本组		
		证券代码	简称	信息披露质量（%）		信息披露质量（%）	证券代码	证券简称
1	1999	600622	嘉宝实业	1.488593	<	3.628056	000632	三木集团
2	1999	600629	上海棱光	1.482540	<	2.340728	600720	祁连山
3	1999	000039	中集集团	1.418579	<	6.453323	000898	鞍钢股份
4	2000	600640	联通国脉	3.037315	<	5.886077	600601	方正科技
5	2000	000514	渝开发	0.938766	<	1.371978	000616	亿城股份
6	2000	000573	粤宏远A	2.216752	*	2.020541	600064	南京高科
7	2001	600610	中纺机	0.995240	<	2.116583	000676	思达高科
8	2001	600677	浙江中汇	1.581347	<	2.214895	600778	友好集团
9	2001	000023	深天地A	1.418339	<	1.537369	600823	世茂股份
10	2001	000029	深深房A	1.964194	<	2.284697	600643	S爱建
11	2001	000035	中科健A	1.752404	<	2.208511	600105	永鼎光缆
12	2001	000557	银广夏A	1.858489	<	3.1298	000702	正虹科技
13	2001	000584	蜀都A	0.870691	<	2.202572	000572	海马股份
14	2002	600698	济南轻骑	1.891760	<	4.586607	600710	常林股份
15	2002	000050	深天马	2.186253	<	2.991287	000697	咸阳偏转
16	2002	000521	美菱电器	2.145208	<	2.904097	600841	上柴股份
17	2003	600653	申华控股	3.764708	<	4.750119	600635	大众公用
18	2004	600615	丰华圆珠	3.074062	*	2.194177	000683	天然碱
19	2004	000549	湘火炬A	2.094807	<	4.164234	600786	东方锅炉
20	2004	000583	托普科技	1.918954	<	2.897348	600621	上海金陵

注：<表示前者结果小于后者。

　*表示前者结果大于后者。

从表 4 - 13 可以看出，在 20 组配对样本的信息披露质量测度结果比照中，共 18 组中违规样本的信息披露质量测度结果小于配对样本（非违规样本）的信息披露质量测度结果，准确率达到了 90%；仅有 2 对出现了前者大于后者的现象，分别为 2000 年粤宏远 A（000573）的 2.216752 大于南京高科（600064）的 2.02054，以及 2004 年丰华圆珠（600615）的 3.074062 大于天然碱（000683）的 2.194177。究其原因，主要在于 2000 年粤宏远 A（000573）的应计项目质量远远高于南京高科（600064），2004 年丰华圆珠（600615）的净利润远大于天然碱（000683）（事实上，后者的净利润为负）。此结果也表明，虽然熵测度模型在测度信息披露质量方面具有较大的有效性，但是，由于各个上市公司经营、财务等方面的差异较大，因此，在运用此模型测度的同时，也要注重对各个公司核心指标的深入分析。当然，作为一种探索性的研究方法，90% 的准确率也毫无疑问的表明，信息披露质量熵测度模型具有较强的有效性，经验性验证 H0 假设。

（4）基于配对样本的非参数检验

虽然以上三种经验性检验都较好地验证了 H0 假设，即证明信息披露质量熵测度模型具有较大的有效性，但是，该种经验性验证却无法完全证实本章所提出的假设（H0：由于虚构利润、虚列资产、虚假陈述或重大遗漏而受到证监会和证券交易所处理的违规公司，其信息披露质量显著低于配对公司）。为进一步证实两个样本组的信息披露质量是否存在差异，即验证上市公司信息披露质量熵测度模型的有效性，本书将采用更精确的统计方法进行评价。一般来讲，均值 T 检验和非参数检验是计量经济学中检验差异性最常用的两种方法，但是，T 检验应用的前提是样本必须服从正态分布[176]。因此，本书将先对这两个样本组的正态性进行检验。

由于违规样本组和配对样本组各只有 20 个样本，小于 30，为小样本；因此，本书使用 Sharpiro – Wilk 进行正态分布检验。该检验是夏皮罗和威尔克（Sharpiro and Wilk）在 1965 年提出的检验方法，在样本容量为 [3，50] 时都能使用[177]。其零假设为变量服从正态分布，当 Sharpiro – Wilk 统计量的显著性水平小于 0.05 时，则拒绝零假设，即变量不服从正态分布。检验结果如表 4 – 14 所示。

表 4 – 14　　　　　　　　　**两个样本组正态性检验结果**

		Sharpiro – Wilk		
		statistic	df	Sig
信息披露质量	违规样本组	.921	20	.102
信息披露质量	配对样本组	.874	20	.014

由表 4 – 14，可以看到违规样本组的 Sharpiro – Wilk 统计量的显著性水平 0. 102，大于 0. 05，因此，接受零假设，即违规样本组服从正态分布。而配对样本组的 Sharpiro – Wilk 统计量的显著性水平为 0. 014，小于 0. 05，因此，拒绝零假设，即配对样本组不服从正态分布。

正态性的检验结果显示，两个样本组并不都服从正态分布，因此，本书放弃 T 检验方法，而选择条件比较宽松、结果更稳健的非参数检验中 Mann – Whitney U 秩和检验方法[178]。其原假设为两个样本组的信息披露质量没有显著性差异，具体检测结果如表 4 – 15 所示。

表 4 – 15　　　**两个样本组信息披露质量中位数非参数检验结果**

	分组*	N	Mean Rank	Sum of Ranks
信息披露质量	0	20	26. 70	534. 00
	1	20	14. 30	286. 00
Mann – Whitney U			76. 000	
Wilcoxon W			286. 000	
Z			– 3. 354	
Asymp. Sig. （2 – tailed）			. 001	

＊注：1 表示为违规样本，0 表示为配对样本。

表 4 – 15 显示，$p = 0.001 < 0.05$，说明在 0. 05 的显著性水平下，拒绝原假设，认为两个样本组的信息披露质量存在显著性差异。

表 4 – 16 给出了两个样本组的 K – S 检验结果。从表中可以看到，这种检验方法的 $p = 0.001$，也小于 0. 05，得到了与 Mann – Whitney U 秩和检验同样的结果，即认为个样本组的信息披露质量存在显著性差异。

表 4 – 16　　　　　**两个样本组信息披露质量 K – S 检验结果**

		信息披露质量
Most Extreme Differences	Absolute	.600
	Positive	.000
	Negative	– .600
Kolmogorov – Smirnov Z		1.897
Asymp. Sig. （2 – tailed）		.001

两种检验方法都表明，本书前面提出的"上市公司会计报表由于虚构利润、虚列资产、虚假陈述或重大遗漏而受到证监会和证券交易所处理的违规公司，其信息披露质量显著低于其配对公司"的检验假设得到支持，从而进一步说明信息披露质量熵测度模型是有效的。

4.4　本章小结

由于国内外对信息披露质量测度的研究均尚处探索阶段，因此，尚无十分合适的对本书研究结果有效性进行验证的权威资料或方法。为了使本书第三章的研究结果得到一定程度的检验，本章采取了配对样本比较的方法，进行信息披露质量熵测度模型有效性的实证研究。

具体而言，以 1999～2006 年受到证监会和证券交易所违规处理，且违规类型为虚构利润、虚列资产、虚假陈述、重大遗漏或其他的违规企业共 20 家作为违规样本，同时选取其配对样本 20 家，得到共 40 家样本作为研究样本。基于上一章构建的熵测度模型以及由"公司治理因素"、"财务指标状况"、"外部审计状况"和"报表项目间相关关系"表征的"真实性"以及"余量时滞——时滞自由裁量权"和"报告时间指数"表征的"及时性"两类共 18 个指标构成的信息披露质量评价指标体系，计算样本公司基于熵测度模型的信息披露质量，并进行一般性和非参数检验。研究结果表明：在熵权测度模型下，两类公司的信息披露质量的确存在显著差异。具体表现在，在总样本下排名越靠后，违规企业出现的频率越高；在分年度样本下，多数年份的配对样本公司（非违规企业）排位高于违规企业；在配对样本的比照中，90% 违规样本的信息披露质量测度结果小于配对样本（非违规样本）的信息披露质量测度结果。而 Mann – Whitney U 和 K – S 检验的结果，也从更加严谨的统计学角度表明，在基于熵测度模型计算的信息披露质量数据下，由于虚构利润、虚列资产、虚假陈述或重大遗漏而受到证监会和证券交易所处理的违规公司，其信息披露质量显著低于其配对公司，从而进一步说明上一章构建的信息披露质量熵测度模型及其相应指标体系科学且有效。而这一研究结论，将为后文进行信息披露质量对股权融资成本影响的实证研究提供关键的方法支持。

第5章

信息披露质量对股权
融资成本影响的理论
解析及研究假设

　　由于目前我国关于信息披露质量对股权融资成本影响的研究尚处于探索性研究过程中，诸如信息披露质量变量缺乏科学的计量方法、考虑时间性的信息披露质量对股权融资成本影响等问题还没有进行深入分析。因此，在前文已经构建并实证检验熵测度模型有效性的基础上，本章试图就信息披露质量对股权融资成本影响进行深入研究。具体思路为：首先对一般结论及制度背景进行分析，而后，进行基于经济时间轴的信息披露质量对股权融资成本影响的分析，得出信息披露质量对股权融资成本影响的理论结论；之后结合本书的研究目标，提出研究假设。

5.1 引　　言

　　美国 SEC 前主席阿尔瑟·莱维特（Arther Levitt）先生曾公开表明："高质量的会计准则有助于提高信息透明度……从而提高流动性，降低资本成本"。从 20 世纪 90 年代起，国外很多学者转而开始关注信息披露质量与资本成本之间的关系，博托桑（1997）[6] 以 122 家工业公司为样本，根据公司在年报中自愿披露的信息数量构造了一个信息披露指数，其研究结果表明，"对于分析师跟踪较少的公司而言，信息披露水平越高，权益资本成本越低"。几年后，博托桑和普拉姆利[32] 在扩大样本的基础上，考察不同类型的信息披露与权益资本成本之间的关系，结果发现"分析师跟踪较少的公司其权益资本成本与前瞻性信息和关键非财务指标的披露数量负相关，分析师跟踪较多的公司其权益资本成本与历史信息的披露水平负相关"。其后，洛茨和韦雷基亚（1999）[33]，海尔（Hail，2002）[179] 分别检验了德国资本市场和瑞士资本市场上上市公司的情况，也得出了同样的结论。布洛姆菲尔德和威尔克斯（2000）[17] 通过实验研究表明，随着公司信息披露质量的提高，投资者愿意购买股票的价格和数量都将增加，从而增强了股票的流动性，降低公司的股权融资成本。弗朗西斯、拉芳德和奥尔森等人（2004）[18] 则以美国上市公司近 16 年数据为样本进行研究，发现"在控制贝塔系数、公司规模和账面市值比的条件下，信息披露质量越差的公司，股权融资成本越高"。

　　但是，前述的研究成果都是基于发达国家的证券市场环境进行的，而对新兴市场上信息披露对资本成本影响的研究尚少，因此，基于发达国家证券市场环境的研究成果，是否适用于我国需要依据我国的具体情况，进行进一步检验。客观上讲，与发达国家相比，我国证券市场上信息披露质量相对较差，也就是说，我国投资者持有的证券组合中，相对于发达国家而言，信息披露质量较低公司股票的比重会更高，从而使得投资者通过进行证券组合，从而实现风险分散的可能性大大降低。也正是基于此，可以预测相对于发达国家而言，在我国证券市场上，通过提高信息披露质量来降低公司的股权融资成本的边际收益可能会更大。

　　近些年，国内已经有学者关注信息披露质量与资本成本的问题，并作了探索性的研究。汪炜、蒋高峰（2004）[15] 发现信息披露质量的提高有助于降低权益资本成本，但他们用临时公告和季报的数量来衡量信息披露质量，研究手段较为粗糙；叶康涛、陆正飞（2004）[88] 在进行中国上市公司股权融资成本影响因素分析时，以企业资产规模和多元化指标作为信息不对称的替代变量，在多因素回归分析中，证明企业规模与企业权益资本成本正相关。而按照该文的假设，企业规模与其信息不对称程度负相关，因此，其最终的结论可以引申为信息不对称程度与企业股权融资成本负相关。黄娟娟、肖珉（2006）[19] 也进行了有关信息披露质量与权益资本成本之间关系的研究。他们以我国证券市场 1993～2001 年实施增发配股的上市公司为样本，以"会计盈余不透明程度"作为我国上市公司信息披露质量的替代指标，对我国上市公司信息披露质量与融资权益资本成本之间的关系进行了实证检验。发现"在控制了市场风险、经营风险、面值市值比、公司规模、流动性、每股股利、公司成长率、无风险利率等影响因素之后，盈余透明度与权益资本成本之间存在显著的负相关关系，印证了在我国特定的制度环境中信息透明度的提高同样有助于降低权益资本成本"。而且，研究还发现"上市公司的权益资本成本不仅受到前一年盈余信息披露质量的影响，还受到前四年盈余信息披露质量的影响，因而上市公司管理者为了降低公司在融资的权益资本成本，应该持之以恒地致力于保持较高的信息披露质量"。曾颖、陆正飞（2006）[11]以深圳证券市场 A 股上市公司为样本，研究中国上市公司的信息披露质量是否会对其股权融资成本产生影响。研究还发现，"在控制 β 系数、公司规模、账面市值比、杠杆率、资产周转率等因素的条件下，信息披露质量较高的样本公司边际股权融资成本较低"[11]。此类研究虽然也印证了提高信息披露有助于降低公司资本成本的论点，但是，其对信息披露质量指标计量采用了网站披露数据或盈余披露质量数据替代的方法，在方法适用性或结论可靠性上均存在需进一步完善的地方。因此，本书在前人研究的基础上，以前文已经构建并实证检验有效的熵测度模型作为信息披露质量的衡量指标，探讨信息披露质量对公司股权融资成本的影响。

5.2　一般结论及制度背景分析

信息披露是连接股票市场资金供给方和需求方的重要纽带，而股权融资成本则是股票市场资金供给方——投资者——投出资金所要求的回报率或者资金需求方——上市公司——获得资金的代价。然而，由于信息披露质量和股权融资成本都不可以直接观察，因此，对两者关系的研究多为探索性研究。然而，不论是早期的理论研究，如赫夫林、肯尼思和约翰（2001）[16]在研究信息披露质量与市场流动性的关系时，指出相对于深度的任何水平的交易规模，在相同或较低的信息不对称价差下，如果不考虑较低的报价深度，那么较高的信息披露质量将减少知情交易和交易成本。还是后来实证检验阶段的研究，如布洛姆菲尔德和威尔克斯（2000）[17]通过实验研究表明，随着公司信息披露质量的提高，投资者愿意购买股票的价格和数量都将增加，从而增强了股票的流动性，降低公司的股权融资成本；巴塔查里亚、道胡克和维克尔（2003）[44]的研究发现，"在控制其他因素的影响之后，公司收益透明度越高的国家，权益资本成本越低，交易量越高"；弗朗西斯、拉芳德和奥尔森等人（2004）[18] 则以美国上市公司近 16 年数据为样本进行相应研究，发现"在控制贝塔系数、公司规模和账面市值比的条件下，信息披露质量越差的公司，股权融资成本越高"。也就是说，无论是理论研究还是实证研究，国外研究结论均表明，信息披露质量与股权融资成本之间存在负相关关系，即信息披露质量较高的公司，股权融资成本较低。

那么，我国股票市场信息披露质量对股权融资成本的影响又是如何呢？首先来看我国资本市场发展的背景情况。在我国股票市场发展的早期，由于上市公司很少，股票规模受限，因此，上市公司股票由于其稀缺性而受到投资者的抢夺，因而上市公司信息披露的质量并未为投资者所关注。此外，由于投资者投资于上市公司的意愿极为强烈，因此，即便市场存在严重的信息不对称，股票的稀缺性也能使高流动性成为必然，并最终使上市公司的股权融资成本很低①，在这种情况下，自然不会有上市公司愿意花成本来改善信息披露质量。故而，在我国资本市场发展的初期，信息披露质量与股权融资成本之间就不可能存在密切的联系。

经过 1992 年起的近十年的密集发行和上市，到 2001 年年底，我国上市公司已经超过 1000 家，可供投资者选择的上市公司更多了，投资者的选择度也更大，因此，股票逐步由卖方市场向买方市场过渡。另外，我国股市从 2001 年中期开始步入熊市，从投资者的角度来看，为获取理想的回报，投资者必须对股票的风险水平有所估量，从而必然要求其加强对上市公司信息披露的关注，从而使得信息披露质量的高低越来越重要。最后，从监管者的角度来看，通过完善上市公司治理结构，提高上市公司质量，加大对信息披露违规行为的处罚力度，完善信息披露规则以及保持信息披露畅通，使得投资者更加方便、快捷地获取上市公司高质量的财务会计信息，从而提高股权融资定价的市场化程度，并最终使得信息披露与上市公司投融资行为之间的联系得到加强[11]。

从对资本市场背景情况的分析可以看出，随着我国股票市场供给、需求和监管三方的发展变化，我国股票市场已经逐步具备了信息披露质量影响股权融资成本的条件。而国内近两年内才兴起的对信息披露与股权融资成本相关性的研究也从一定程度上佐证了此结论。较有影响力的是汪炜、

---

① 这与我国学者以往研究的结果相一致，如陈晓、单鑫（1999）[180]、高晓红（2000）[181]、黄少安、张岗（2001）[182] 等。

蒋高峰（2004）[15]以及曾颖、陆正飞（2006）[11]的研究。前者以2002年前在上海证券交易所上市的516家公司为样本，专门研究了自愿信息披露水平（透明度）与资本成本之间的关系。其结论显示，在控制了公司规模和财务风险变量后，上市公司信息披露水平的提高有助于降低公司的股权融资成本。并通过对通信产业专门进行检验，发现这种负相关关系更加显著。后者以深圳证券市场A股上市公司为样本，研究中国上市公司的信息披露质量是否会对其股权融资成本产生影响。研究发现，"在控制β系数、公司规模、账面市值比、杠杆率、资产周转率等因素的条件下，信息披露质量较高的样本公司边际股权融资成本较低"[11]，即信息披露质量与边际股权融资成本负相关。

以上一般分析表明，目前，国内外得到的一致结论为：通过改进披露，提高信息披露质量，可以降低公司的股权融资成本。也就是说，在控制相关因素的条件下，信息披露质量较高的样本公司股权融资成本较低，即信息披露质量与股权融资成本负相关。

5.3 基于经济时间轴的分析

上述分析表明，信息披露质量的确会影响公司的资本成本。而我国黄娟娟、肖珉（2006）[19]以我国证券市场1993～2001年实施增发配股的上市公司为样本，以"会计盈余不透明程度"作为我国上市公司信息披露质量的替代指标，对我国上市公司信息披露质量与融资权益资本成本之间的关系进行了实证检验。发现"在控制了市场风险、经营风险、面值市值比、公司规模、流动性、每股股利、公司成长率、无风险利率等影响因素之后，盈余透明度与权益资本成本之间存在显著的负相关关系，印证了在我国特定的制度环境中信息透明度的提高同样有助于降低权益资本成本"。而且，研究还发现"上市公司的权益资本成本不仅受到前一年盈余信息披露质量的影响，还受到前四年盈余信息披露质量的影响，因而上市公司管理者为了降低公司再融资的权益资本成本，应该持之以恒地致力于保持较高的信息披露质量"。但是，该文却未对影响中的时间性问题进行理论上的分析说明。因此，为了从更深层次上研究二者关系，本节基于经济时间轴，对上市公司信息披露质量对股权融资成本的影响进行分析，以求从理论层面，分析考虑时间性的上市公司信息披露质量对股权融资成本的影响。

5.3.1　经济时间轴概述

为了更好地理解信息披露与资本成本之间的关系，基于白曼和韦雷基亚（Baiman，Verrecchia，1996）[184] 的分析，韦雷基亚（1999）[185] 提出了涵盖二者关系中诸多要件的经济时间轴（Economic Time Line），如图 5 - 1 所示。该文以时间轴的方式，简要演示了一个公司从发起到清算的全过程。具体而言，假设存在一个拥有独占性生产线的企业主（发起人），并将其称之为"公司"。为了实现生产线的运转，企业主需要 \$K 的资本和一个管理者。公司为了获得 \$K 的资本而向外部人出售公司份额，即代表了对企业主而言的公司的资本成本。

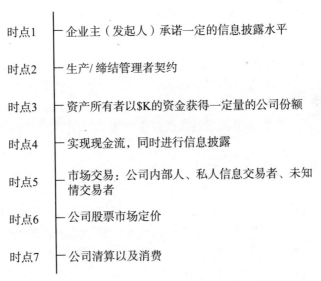

图 5 - 1　涵盖信息披露与资本成本关系中诸多要件的经济时间轴

如此背景下，在时点 1，企业主为了实现后续要件，承诺一定的财务披露水平。鉴于企业主的承诺，在时点 2，潜在股东对公司股权价值进行估价，同时企业主为了获得 \$K 的资本而出售一定的公司份额。当为了获取 \$K 的资本而出售的份额增加（减少）时，则表明企业主的资本成本增加（减少）。时点 1 和时点 2 之间最重要的特征就是使得潜在股东基于企业主的披露承诺而将公司定价的行为与披露及资本成本的关系相联系。如果没有这层关系，披露就不会对资本成本产生影响，反之亦然。

在时点 3，企业主着手进行生产，并且与管理者缔结契约。

在时点 4，生产终了，管理者专有地掌握公司现金流情况，此时，管理者有义务发布关于此的公众报告。而这份报告与真实现金流的契合程度都将基于企业主在时点 1 承诺的披露水平。在时点 5，基于时点 4 的披露，所有的市场参与者都将加入公司股票的市场交易。市场的交易者将可能包括管理者、私人信息交易者、原始股东以及新投资者。而且所有的交易行为都将影响企业的资本成本。在时点 6，所有的交易者在市场上以近似的均衡价格执行交易。

最终在时点 7，企业清算，契约解除，所有的参与者参与消费。

5.3.2　本书的延伸分析

众所周知，在企业的存续期间内，其生产经营活动是周而复始的。因此，本书试图将韦雷基亚的经济时间轴的时点与现实公司营运相结合，将韦雷基亚的经济时间轴进行延伸分析，通过构建一个上市公司动态简化营运图来进一步分析信息披露质量对股权融资成本的影响。

（1）相关设定

本书将韦雷基亚的经济时间轴的时点与现实公司营运相结合，以公司会计循环为背景，动态期间为上市公司从 IPO 到最终清算之间的整个存续期间。此处的期间以上市公司的财务年度表示（即每年的 1 月 1 日～12 月 31 日）。其中：

第 0 期表示上市公司完成 IPO，进入生产经营的第一年；生产经营（i）表示第 i 期的生产经营活动，$i=1, 2, \cdots, n$；季报、半年报、临时公告等（i）表示在第 i 期的生产经营活动过程中，进行的关于公司的季报、半年报、临时公告等的披露行为，$i=1, 2, \cdots, n$；年报披露（i）表示第 i 期的年报披露活动，$i=1, 2, \cdots, n$；资本市场股票交易（i）表示投资者在第 i 期进行的股票交易活动（基于信息披露），$i=1, 2, \cdots, n$。

（2）上市公司动态简化营运图

根据上述设定，结合韦雷基亚的经济时间轴的时点与现实上市公司营运情况，即可得到上市公司动态简化营运图，如图 5 - 2 所示①。

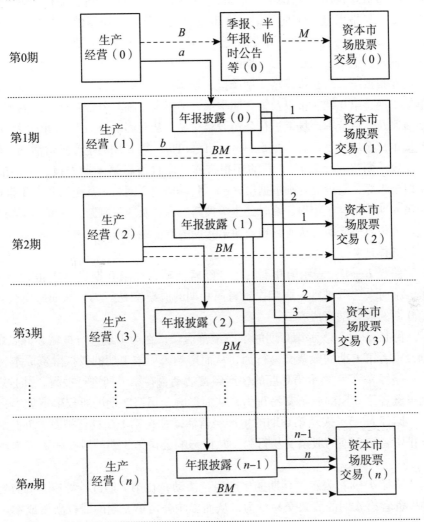

图 5 - 2　内含信息披露与资本成本关系的上市公司动态简化营运图

---

①　由于季报、半年报、临时公告等披露对股权融资成本的影响并非本书研究内容，因此，为增强图表的可识性，在本图中，除第 0 期外，其他各期均简化为 BM 线表示，而没有再以 B—□—M 表示。

图 5-2 表明，第 0 期，上市公司进行生产经营活动，在此期间进行关于公司的季报、半年报、临时公告等的披露行为，同时，投资者根据披露的内容及质量判断，在资本市场上进行公司股票交易，从而影响公司第 0 期的股权融资成本；接着进入第 1 期的生产经营活动，公司不仅于期初进行第 0 期的年报披露，而且披露第 1 期季报、半年报、临时公告等，而投资者则根据第 0 期年报以及第 1 期季报、半年报、临时公告等披露的内容及质量判断，在资本市场上进行公司股票交易，从而影响公司第 1 期的股权融资成本；同样，上市公司进入第 2 期的生产经营活动，公司不仅于期初进行第 1 期的年报披露，而且披露第 2 期季报、半年报、临时公告等，而投资者则根据第 1 期、第 0 期年报以及第 2 期季报、半年报、临时公告等披露的内容及质量判断，在资本市场上进行公司股票交易，从而影响公司第 2 期的股权融资成本；循环往复，周而复始……上市公司进入第 n 期的生产经营活动，公司不仅于期初进行第 $n-1$ 期的年报披露，而且披露第 n 期季报、半年报、临时公告等，而投资者则根据第 $n-1$ 期、第 $n-2$ 期……甚至第 0 期年报以及第 n 期季报、半年报、临时公告等披露的内容及质量判断，在资本市场上进行公司股票交易，从而影响公司第 n 期的股权融资成本；

具体地：

路径 $B—M$：表示第 0 期的生产经营活动，在第 0 期进行季报、半年报、临时公告等披露，影响投资者第 0 期的股票交易行为，从而影响公司第 0 期的股权融资成本；

路径 $a—1$：表示第 0 期的生产经营活动，在第 1 期进行披露，并且影响投资者第 1 期的股票交易行为，从而影响公司第 1 期的股权融资成本；

路径 $a—2$：表示第 0 期的生产经营活动，在第 1 期进行披露，并且影响投资者第 2 期的股票交易行为，从而影响公司第 2 期的股权融资成本；

路径 $a—3$：表示第 0 期的生产经营活动，在第 1 期进行披露，并且影响投资者第 3 期的股票交易行为，从而影响公司第 3 期的股权融资成本；

……

路径 $a—n$：表示第 0 期的生产经营活动，在第 1 期进行披露，并且影响投资者第 n 期的股票交易行为，从而影响公司第 n 期的股权融资成本。

类似地，存在：

路径 BM：表示第 1 期的生产经营活动，在第 1 期进行季报、半年报、临时公告等披露，影响投资者第 1 期的股票交易行为，从而影响公司第 1 期的股权融资成本；

路径 b—1：表示第 1 期的生产经营活动，在第 2 期进行披露，并且影响投资者第 2 期的股票交易行为，从而影响公司第 2 期的股权融资成本；

路径 b—2：表示第 1 期的生产经营活动，在第 2 期进行披露，并且影响投资者第 3 期的股票交易行为，从而影响公司第 3 期的股权融资成本；

路径 b—3：表示第 1 期的生产经营活动，在第 2 期进行披露，并且影响投资者第 4 期的股票交易行为，从而影响公司第 4 期的股权融资成本；

……

路径 b—$n-1$：表示第 1 期的生产经营活动，在第 2 期进行披露，并且影响投资者第 n 期的股票交易行为，从而影响公司第 n 期的股权融资成本。

故而，本书可以得出以下结论：

结论 1：上市公司第 i 期的季报、半年报、临时公告等披露，将会影响第 i 期投资者股票交易行为，从而影响其第 i 期股权融资成本。

结论 2：上市公司第 i 期的年报披露，将会影响第 $i+1$ 期的投资者股票交易行为，从而影响其第 $i+1$ 期的股权融资成本。

结论 3：上市公司第 i 期的年报披露，将会影响第 $i+2$ 期的投资者股票交易行为，从而影响其第 $i+2$ 期的股权融资成本。

结论 4：上市公司第 i 期的年报披露，将会影响第 $i+3$ 期的投资者股票交易行为，从而影响其第 $i+3$ 期的股权融资成本。

……

结论 n：上市公司第 i 期的年报披露，将会影响第 $i+n-1$ 期的投资者股票交易行为，从而影响其第 $i+n-1$ 期的股权融资成本。

5.4　研究假设

由于本书研究的信息披露质量是上市公司的年报披露质量，并未涉及上市公司季报、半年报、临时公告等披露质量，因此，在进行研究假设提出时，将只围绕上市公司的年报披露质量。因此，结合以上研究结论，以前文构建的信息披露质量的熵测度模型作为信息披露质量的计量方法，进行相应的转化，即可提出以下考虑时间性的研究假设：

假设1：上市公司信息披露质量与其当期的股权融资成本不相关。

假设2：上市公司信息披露质量与其后第一期（下期）的股权融资成本负相关。

假设3：上市公司信息披露质量与其后第二期的股权融资成本负相关。

……

假设 n[①]：上市公司信息披露质量与其后第 $n-1$ 期的股权融资成本负相关。

5.5　本　章　小　结

国外关于信息披露质量对股权融资成本影响的研究虽然较为深入，但是，其研究成果都是基于发达国家的证券市场环境进行的，而对新兴市场上信息披露对资本成本影响的研究尚少，因此，基于发达国家证券市场环境的研究成果，是否适用于我国需要依据我国的具体情况，进行进一步检验。就国内而言，虽然现有研究在一定程度上印证了提高信息披露有助于降低公司资本成本的论点，但是，其对信息披露质量指标计量采用了网站披露数据或盈余披露质量数据替代的方法，在方法适用性或结论可靠性上均存在需进一步完善的地方。因此，本书在前人研究的基础上，就信息披露质量对公司股权融资成本的影响进行理论分析。

通过一般理论分析，发现其共同基础是：从投资者角度看，在设定其他条件的情况下，投资者要求的回报率与其预测的风险水平成正比，预测未来收益的不确定性越高，投资者所要求的回报率就越高；而公司通过改进披露，提高信息披露质量，可以降低投资者估计未来收益时考虑的风险水平，从而使投资者要求的投资回报率降低（融资成本降低）。以往实证研究结论也表明，在控制相关因素的条件下，信息披露质量较高的样本公司股权融资成本较低，即信息披露质量与股权融资成本负相关。

---

① 根据理论分析，本书可以得出 n 个假设，但是，限于可获取样本数据的限制，不可能对所有的 n 个假设进行实证检验。事实上，本书只对假设1～假设3进行了实证检验，详见本书6.1.5部分的说明。

　　随后，通过基于经济时间轴的延伸分析，得出上市公司的季报、半年报、临时公告等披露，将会影响当期投资者股票交易行为，从而影响其当期股权融资成本；上市公司当期的年报披露，将会影响其后各期的投资者股票交易行为，从而影响其后各期的股权融资成本的结论，并在此基础上提出研究假设。而有关信息披露质量对股权融资成本的影响的假设检验，将在下一章进行。

第6章

基于熵测度的信息披露质量对股权融资成本影响的实证检验

本章基于第五章提出的理论假设，以第三章、第四章建立并证实有效性的熵测度模型作为信息披露质量指标的计量方法，结合已有研究和我国上市公司数据，对我国信息披露质量对股权融资成本的影响进行更深层次的实证检验。

6.1 研究设计

6.1.1 研究方法

与国内外研究此类问题的文献相同，本书主要采用多元线性回归方法，在控制对股权融资成本产生影响的其他因素的基础上，考察信息披露质量（IQ）对股权融资成本（r）的影响。

数据用 Excel 和 SPSS 13.0 进行处理，计算股权融资成本（r）的解方程部分使用 Matlab6.5。

6.1.2　变量设定

（1）股权融资成本

①股权融资成本估计方法

资本成本的估计有很多方法，大致可归为一下几类：

1）利用平均已实现的回报估计法。

然而，博托桑（1997）[6]认为，平均已实现的回报估计资本成本时含有极大的噪音。事实上，早期很多研究未发现信息披露和股权融资成本间的显著关系的一个原因就是他们使用平均已实现回报来估计股权融资成本。兰考尼肖科（Lakonishok，1993）[186]断定，如果利用已实现回报来估计股权融资成本，至少需要70年的数据。可见对于样本数据不够的中国新兴资本市场，研究者不应使用已实现回报来估计股权融资成本。

2）资本资产定价模型（CAPM）估计法。

CAPM理论存在着较为严格的假设前提，例如，市场的有效性，每个投资者都是理性的，都按照马科维茨（Markowiz）的均值方差模型进行投资决策和资本配置，不存在资本的介入和贷出限制、β描述了任一项资产的系统风险（非系统风险已经在分化中相互抵消掉了），任何其他因素所描述的风险尽为β所包容等[187]。而我国相关研究表明[188~191]，我国股票市场风险和收益关系并不如CAPM理论所预期的那样，系统风险β并非是决定收益的唯一因素，中国股票组合收益率仍然存在一些无法解释的部分，需要引入新的风险因素或者考虑非线性关系才能解决，从而否定了其在中国股市的有效性假设。而这一结论，与国外相关研究结论——信息风险也是资产回报的一个决定因素[192]基本一致。因此，在考察我国信息披露对股权融资成本的影响时，不能使用传统的CAPM来估计股权融资成本。

3）利用调整的市盈率（考虑了企业增长率和股利支付率）估计法。

但是博托桑（1997）[6]认为，市盈率主要是反映利用企业当前盈余来估计企业未来盈余的能力上的横截面差异，而不是反映股权融资成本的横截面差异，因此，除非未来预期盈余为当期盈余加上股权融资成本（这种情况很少出现），否则不应使用市盈率来估计股权融资成本。

4）基于股利贴现模型的估计法。

基于股利贴现模型（式（6-1）），学者们发展了许多更为适用股权融资成本的估计方法，下面进行简单的分析：

$$P_0 = \sum_{t=1}^{\infty} (1 + r)^{-t} E_0(dps_t) \qquad (6-1)$$

式中：

P_0——第 0 期的股价；

r——估计的股权融资成本；

$E_0(\cdot)$——期望函数；

dps_t——第 t 期的每股股利。

（a）目标价格法（Target Price Method）

该方法由博托桑和普拉姆利（2002）[32]构建。通过对式（6-1）采取短时间轴的形式，引入一个预测的未来终值，从而将式（6-1）中的无限期未来现金流量截断至 5 年期，从而形成了该方法的估计方程（式（6-2））。其主要假设是：分析师对短时间轴的每股股利预测和这个短时间轴结束时的股票价格预测基本上可以反映市场期望。

$$P_0 = \sum_{t=1}^{5} (1 + r_{DIV})^{-t} (dps_t) + (1 + r_{DIV})^{-5} (P_5) \qquad (6-2)$$

式中：

P_5——第 5 期的预测价格；

r_{DIV}——估计的股权融资成本；

其余变量含义与式（6-1）中相同，下同。

（b）行业法（Industry Method）

该方法最早由格布哈特、李和斯瓦米纳坦（Gebhardt, Lee, Swaminathan, GLS, 2001）[193]构建，它采用由式（6-1）推导的剩余收益估值模型形式，需要 12 年的预测时间轴。其估计方程如式（6-3）所示：

$$P_0 = b_0 + \sum_{t=1}^{12} (1 + r_{GLS})^{-t} [(ROE_t - r_{GLS}) b_{t-1}] \\ + [r_{GLS}(1 + r_{GLS})^{11}]^{-1} [(ROE_{12} - r_{GLS}) b_{11}] \qquad (6-3)$$

式中：

ROE_t——第 t 期的净资产收益率；

b_t——第 t 期每股账面价值；

r_{GLS}——估计的股权融资成本。

行业价格法在运用时，假定起始 3 年，分析师对净资产收益率 ROE_t 和账面价值 b_t 的预测和市场期望相等；以后的 9 年，GLS 假定企业的净资产收益率 ROE_t 退化为行业中间值。在预测时间轴之外，目标价格法假定 $(ROE_{12} - r_{GLS})b_{11}$ 永久不变，既然 b_t 在 11 年之后保持不变，目标价格法也就隐含地假定了在 11 年之后，股利支付率为 100%。

（c）有限期限法（Finite Horizon Method）

该方法来自戈登（Gordon，1997）[194] 的 Gordon 增长模型，他和李、迈尔斯和斯瓦米纳坦（Lee，Myers，Swaminathan，1999）[195] 采用的方法很类似。有限期限法通过假定在预测区间之外，企业的净资产收益率 ROE 等于股权融资成本，而由式（6 - 1）推导出了该方法估计的方程（式（6 - 4））。有限期限法也假定分析师对短期股利的预测和长期的每股收益的预测可以反映市场期望。

$$P_0 = \sum_{t=1}^{4} (1 + r_{GOR})^{-t}(dps_t) + [r_{GOR}(1 + r_{GOR})^4]^{-1}(eps_5) \quad (6-4)$$

式中：

r_{GOR}——估计的股权融资成本。

（d）宏观经济增长法（Economy - Wide Growth Method）

该方法由奥尔森、朱伊特纳 - 瑙罗特（Ohlson，Juettner - Nauroth，2003）[196] 在式（6 - 1）的基础上推导出。其估计方程为：

$$r_{OJN} = A + \sqrt{A^2 + \frac{eps_1}{P_0} \times \left[\frac{eps_2 - eps_1}{eps_1} - (\gamma - 1) \right]} \quad (6-5)$$

式中：

r_{PEG}——估计的股权融资成本；

$A = \frac{1}{2}\left[(\gamma - 1) + \frac{dps_1}{P_0} \right]$；

$\gamma - 1$——预测期以外的非正常收益的永久增长率，用以反映宏观经济增长率。

（e）PEG 比率法（PEG Ratio Method）

该方法由于比较简单，使用比较广，其模型的推导最先由伊斯顿（Easton，2004）[197] 完成。该方法在宏观经济增长法基础上推导出来，如果在式（6 - 5）施加另外两个假设：即 $dps_1 = 0$ 和 $\gamma = 1$（这意味着预测期之外的非正常收益增长率为 0），则有下述 PEG 比率法的估计方程：

$$r_{PEG} = \sqrt{\frac{eps_2 - eps_1}{p_0}} \quad (6-6)$$

式中：

r_{PEG}——估计的股权融资成本

②本书的股权融资成本估计

如上所述，虽然关于股权融资成本估计的方法众多，但是，通过上述分析可以看出，利用平均已实现的回报估计法、资本资产定价模型（CAPM）估计法以及利用调整的市盈率（考虑了企业增长率和股利支付率）估计法均存在较为明显的不足之处，基于股利贴现模型的估计法被认为是更为适用的股权融资成本估计方法。而在基于股利贴现模型的估计法具体演化的目标价格法、行业法、有限期限法、宏观经济增长法和 PEG 比率法中，采用剩余收益贴现模型计算资本成本的 GLS 方法，在国内外得到了较大的认同①。如李明毅、惠晓峰（2008）[59] 在检验上市公司信息披露与资本成本的相关性时，分别采用目标价格法、行业法、有限期限法、宏观经济增长法和 PEG 比率法四种方法计算资本成本，并通过可靠性检验，表明相对于 r_{DIV}、r_{OJN}、r_{PEG} 三种计算方法，用行业法计算的资本成本 r_{GLS} 最可靠。因此本书也采用 GLS 模型来估计上市公司的股权融资成本。

根据 Ohlson 模型思想和 GLS 模型，公司的股权融资成本 r 可由下式计算得到：

$$P_t = B_t + \sum_{i=1}^{\infty} \frac{E_t(ROE_{t+i} - r)B_{t+i-1}}{(1+r)^i} \qquad (6-7)$$

式中：

P_t——第 t 期的股票价格；

B_t——第 t 期的期初每股净资产；

$E_t(\cdot)$——期望函数；

ROE_{t+i}——第 $t+i$ 期的净资产收益率；

r——股权融资成本，下同。

由于（6-7）式是按照无穷期限来计算，而实际过程中必须确定有限的预测期，因此对于预测期以外的现金流可以用一个终值来反映。本书根据 GLS 的做法，同时结合我国证券市场和 CSMAR 数据库的特点，

---

① Gebhardt, Lee, Swaminathan（2001）[193] 的检验结果显示，GLS 模型对权益资本成本的预测能力优于传统的权益资本成本估计模型。而且国内近期的相关研究都采用了 GLS 模型来计算，如陆正飞等认为 GLS 的方法稍加调整后可用于估计我国上市公司的权益资本成本，并在 2006 年[11] 以该方法来估计上市公司的股权融资成本；沈艺峰，肖珉，黄娟娟（2005）[198] 也采用 GLS 方法计算权益资本成本，并得到了较好的实证结果。

将（6 - 7）式转化为下列形式：

$$P_t = B_t + \sum_{i=1}^{3} \frac{FROE_{t+i} - r}{(1 + r)^i} B_{t+i-1} + TV \tag{6-8}$$

式中：

$FROE_{t+i}$——第 $t + i$ 期的预测净资产收益率；

TV——终值。

GLS（2001）[193] 认为，该模型的预测区间不应少于 12 期，本书采用 12 期进行预测。由于我国没有分析师的预测数据，因此，前 3 期以实际净资产收益率替代，并假设公司第 4 期至第 11 期的 ROE 从第 3 期的水平向行业平均① ROE② 直线回归，从第 12 期开始上市公司的预测净资产收益率 $FROE_{t+i}$ 一直维持在行业平均 ROE 水平上。故而得到：

$$TV = \sum_{i=4}^{11} \frac{FROE_{t+i} - r}{(1 + r)^i} B_{t+i-1} + \frac{FROE_{t+12} - r}{r(1 + r)^{12}} B_{t+11} \tag{6-9}$$

将式（6 - 9）代入（6 - 8），即可得到：

$$P_t = B_t + \sum_{i=1}^{3} \frac{ROE_{t+i} - r}{(1 + r)^i} B_{t+i-1} + \sum_{i=4}^{11} \frac{FROE_{t+i} - r}{(1 + r)^i} B_{t+i-1} + \frac{FROE_{t+12} - r}{r(1 + r)^{12}} B_{t+11}$$

$$\tag{6-10}$$

式（6 - 10）中，$P_t =$ 上市公司 $t - 1$ 期每股收益乘以当年公司所处行业市盈率中位数；$B_{t+i-1} = B_{t+i} + DPS_{t+i} - EPS_{t+i}$，$DPS_{t+i} =$ 第 $t + i$ 期每股股利，$EPS_{t+i} =$ 第 $t + i$ 期每股收益，并假设公司第 4 期至第 11 期的 EPS 按公司 2003 ~ 2005 年的平均复利增长率进行增长；且 $DPS_{t+i} = EPS_{t+i} \times$ 股利支付率，股利支付率按上市公司股权再融资之前三年的平均股利数据来计算。

（2）其他变量设定

①信息披露质量（IQ）

运用本书第四章设计，且通过第五章有效性验证的信息披露质量的熵测度模型进行计量。

---

① GLS（2001）[193] 依据厂商长期利润水平平均化的理论作此假设。在计算行业平均值时，本研究依据中国证监会发布的《上市公司行业分类指引》进行分类，除工业类因行业内差异显著而按二级代码分类外，其余行业均按一级代码分类进行计算，下同。

② 参照曾颖、陆正飞（2006）[11] 以及 CSMAR 数据库的数据可得状况，行业平均 ROE 水平由不同行业所有上市公司 2000 ~ 2005 年的 ROE 数据按公司数量求算术平均得到（剔除了 ROE 的畸高或畸低值）。

②控制变量

国外研究文献中累积了大量影响资本成本（股权融资成本）的因素，但这些因素是否同样对我国的股权融资成本产生影响尚不确定。叶康涛、陆正飞（2004）[88]，娄权（2005）[199]对中国上市公司股权融资成本影响因素进行了分析，并得出了实证结论。本书将根据此类文章的实证结论，选取以下变量作为控制变量：

1）经营风险（*OR*）。

目前研究文献中对经营风险的主要度量指标有收益波动性[88]、财务分析师对收益预测的变异系数[193]以及长期资产与总资产之比[198]。由于我国尚无独立和权威的收益预测报告，而长期资产与总资产之比只是作为本原指标——固定成本占总成本之比的替代指标（因为上市公司通常不公告其固定成本），因此，本书以收益波动性来反映企业的经营风险。具体计算公式为上市公司近3年净利润的标准差与其平均值的比率。

2）财务风险（*FR*）。

MM（1958）[200]认为股权融资成本应当与杠杆率成正比，范和弗兰奇（Fam，French，1992）[201]也指出财务杠杆与股票收益率正相关。理论上讲，企业负债率越高，面临的破产风险也会随之上升，从而使得股东所要求的最低回报率即股权融资成本也随之上升。本书以上市公司当年资产负债率来度量其财务风险。

3）破产成本（*BC*）。

一般而言，企业预期的破产成本越高，股东所要求的最低回报率也就会越高。因此，上市公司的股权融资成本与其破产成本正相关。由于与破产成本联系最为密切的就是资产担保价值，因此，本书以资产担保价值（存货和固定资产之和占总资产的比重）来度量破产成本。具体计算公式为上市公司当年存货和固定资产之和占总资产的比重，其中存货、固定资产以及总资产均采用年初、年末值的平均数。

4）流动性（*T*）。

阿米胡德和门德尔松（Amihud，Mendelson，1986）[202]认为，公司股票的流动性越高，其预期收益率就越低。在理论上，流动性高的股票更容易受到投资者的青睐，因此股价较高而股权融资成本较低。本书以股票的换手率作为度量流动性的指标。具体计算公式为上市公司当年月换手率的算术平均数的自然对数。

5）企业规模（S）。

叶康涛、陆正飞（2004）[88]以企业规模来反映企业与外部投资者的信息不对称程度。沈艺峰、肖珉、黄娟娟（2005）[198]则认为将公司规模纳入股权融资成本影响因素的原因之一是"大公司的股票更具流动性[203]"。鉴于本书的研究核心在于企业的信息（信息质量、自愿披露），因此，本书将参照沈艺峰，肖珉、黄娟娟（2005）[198]，将公司规模仅作为企业基本特征的控制变量。具体计算公式为上市公司当年总资产的自然对数，其中，总资产以年初、年末值的平均数表示。

6）β 系数（$BETA$）。

公司市场风险 β 系数主要用来控制系统风险。资本资产定价模型（CAPM）表明，股权融资成本随着市场风险 β 的增加而上升（Lintner，1965[204]；Mossin，1966[205]；Sharpe，1964[206]）。因此，本书将市场风险 $BETA$ 作为一个控制变量。$BETA$ 主要通过市场模型，使用截至当年 12 月 31 日的 60 个月数据样本来估计。

7）年度（$YEAR$）。

年度为虚拟变量，表示公司年度差异，是为了控制不同年度整个外部环境对公司股权融资成本的影响。由于样本涉及 3 个会计年度，因此，设置 2 个年度哑变量。

依据上述分析，各变量的标识、名称以及定义见表 6 - 1。

表 6 - 1　　　　　　　　　　变量名称及定义

变量标识	变量名称	变量定义
被解释变量		
r	股权融资成本	根据 GLS 方法计算的公司边际股权融资成本
解释变量		
IQ	信息披露质量	采用信息披露质量熵测度模型计算得到的数值
控制变量		
OR	经营风险	上市公司近 3 年净利润的标准差与其平均值的比率
FR	财务风险	上市公司资产负债率
BC	破产成本	上市公司存货和固定资产之和占总资产的比重
T	流动性	上市公司月换手率的算术平均数的自然对数
S	企业规模	上市公司总资产的自然对数
$BETA$	β 系数	60 个月数据样本通过市场模型计算
$YEAR$	年度	分设两个年度虚拟变量

6.1.3 数据来源

样本原始数据主要来自香港理工大学中国会计与金融研究中心和深圳市国泰安信息技术有限公司开发的上市公司数据库（以下简称 CSMAR 数据库）。对 CSMAR 数据库中缺失或没有的项目，则根据各家公司披露的年度报告，逐家整理取得，各公司各年度年报主要从以下网站获取：中国证券监督管理委员会网站（http：//www.csrc.gov.cn）、中国上市公司资讯网（http：//www.cnlist.com）、巨潮资讯网（http：//www.cninfo.com.cn）、网易财经（http：//money.163.com）等。

6.1.4 样本选取

本书选择上海和深圳证券市场 A 股上市公司数据作为分析样本。由于考虑时间性的信息披露质量对股权融资成本影响的研究涉及不同年度间的数据，而且计算股权融资成本的 GLS 方法对数据区间要求较长，且对样本的要求十分严格，因此，本部分的样本筛选主要考虑以下因素：

（1）选取方法

由于本部分研究涉及公司不同年度间数据的递推研究，为保持同一公司数据在不同年度间研究的可靠性，在样本筛选过程中，要求后一年度的样本必须在前一年度样本中产生。

（2）时间选择

①以 2004 年作为主要样本年度

考虑到实证研究结论的指导性和现实性，除特殊研究要求外，通常实证研究的样本年度以可获取的最近样本年度为优。对本书而言，自 2006 年以来，我国股市异常活跃，股指连破几大整数关口，累计涨幅全球称冠，因此，就出现了许多参与证券投资的上市公司得益于投资收益，净利润成倍增长，而主营业务利润却相对持平的现象①。此外，2006 年金属涨价，有色金属及贵金属行业上市公司 2006 年营业额同比增长 74%，每股收益同比增长 72%，金属价格的上涨对行业业绩的提升十分显著②。而且，根据巨潮资讯网站的统计，2006 年深市上市公司每股收益平均增长率为 251.80%③。这一切都表明，2006 年的数据不适合进入需要长期趋势数据的本书研究中，最近选择年度只能为 2005 年。而采用 GLS 方法计算股权融资成本至少需要使用研究期间之后一年的财务数据，因此，本书样本的研究期间最近只能选择 2004 年，即以 2004 年作为主要样本年度。

② 以 2002 年作为最远样本年度

计算股权融资成本的 GLS 方法中需要使用股利支付率指标，考虑到我国上市公司股利政策不稳定，同时股权再融资政策规定要考察上市公司再融资之前三年的财务数据，因此，本书采用上市公司股权再融资之前三年的平均股利数据来计算股利支付率。结合上述对财务数据期间的要求（研究期间之后 1 年），即要求所选取样本公司截止到 2004 年的上市时间至少应超过 5 年。因此，本书所选样本必须为 1999 年 1 月 1 日以前上市的公司，根据财务数据期间及统计分析要求，即可得到本书样本的研究期间最远只能选择 2002 年④。

（3）公司行业选择

由于金融企业在财务制度、运营方式以及资产结构等诸多方面均具有明显的行业特殊性，中国证监会发布了《公开发行证券公司信息披露编报规则》第 1~6 号文件，对商业银行、保险公司、证券公司招股说明书内

---

① 如吉林敖东（000623）的年报显示，受益于对广发证券的投资收益，公司 2006 年净利润出现了 250% 的增长，而药业方面的主营业务收入则维持在上年同期水平。
② 如驰宏锌锗（600497）的年报显示，受益于 2006 年锌价上涨，公司每股收益由 2005 年的 0.818 元上升到 2006 年的 5.3152 元，增长 549.78%。同时，其向全体股东每 10 股送红股 10 股并派发现金红利 30 元的分红方案，更是创下了 A 股历史上的最大的分红纪录。
③ 上市公司盈利总况统计年报（2006 年年报）http://jctj.p5w.net/jctj/qt/zmResult.jsp?key=0016_3。
④ 事实上，本书也对 2001 年的数据进行了分析，但得到的符合条件的样本数小于 20 家，考虑到统计分析的相关要求，因此，将样本的起始期选为 2002 年。

容与格式以及财务报表均作了特别规定。因此，考虑到银行、金融类上市公司的行业和财务制度特殊性，根据以往研究的惯例，样本中不包括金融保险行业公司。

（4）其他剔除

①由于仅发行 B 股或同时发行 B 股的上市公司以及 ST、PT 公司在信息披露制度等方面具有较大的特殊性。如果将这些公司纳入样本将极大影响结论的可靠性和一致性，因此，在研究中将它们从样本中剔除。

②本书计算的股权融资成本是指上市公司股权再融资的成本，股权再融资的资格依融资方式的不同而不同，而上市公司的配股资格要求是股权再融资中相对较低的，因此，本书以达到配股标准对样本进行在此筛选。

③由于剩余收益模型对公司的盈利水平敏感，参照有关研究，在利用股权再融资之前三年的 *EPS* 平均增长率估计公司未来平均 *EPS* 增长率时，剔除了过高（超过100%）和显著为负（小于 -50%）的公司。

综合考虑以上因素，即可得到本书的研究样本，如表 6-2 所示。

表 6-2   **样本筛选过程**

	2004 年	2003 年	2002 年
2001 年 1 月 1 日以前上市的公司（不含金融保险类）	965 家①		
减：仅发行 B 股或同时发行 B 股的公司	190 家		
ST、PT 公司	149 家		
2004~2006 年退市公司②	4 家		
不具备股权再融资资格的公司	356 家		

---

① CSMAR 数据库显示的符合条件的上市公司数为 966 家，但由于琼民源（000508）自1999 年 7 月 12 日终止上市，因此，将其予以剔除，共有 965 家。

② 2005 年 11 月 15 日开始，辽河油田（000817）被大股东中石油整体收购，并成功退市。同样的，2006 年 2 月 8 日开始，扬子石化（000866）、石油大明（000406）、中原油气（000956）也因中石化的收购而最终退市。因此，将这 4 家予以剔除。并且，为避免重复计算，前一步骤中已经减去的公司如果还满足后面步骤的条件，不再减去。

续表

	2004 年	2003 年	2002 年
2001～2003 年 *EPS* 平均增长率畸高、畸低公司	31 家		
初步合格公司	235 家	139 家	86 家
减：股权融资成本畸高、畸低公司①	46 家	25 家	6 家
其他变量数据缺失公司	50 家	28 家	12 家
实际样本数	139 家	86 家	57 家
其中：深市	86 家	46 家	28 家
沪市	53 家	40 家	29 家

6.1.5　模型选择

本书采用多元线性回归模型，运用普通最小二乘法（OLS）进行估计。需要说明的是，虽然前文提出了 n 个研究假设，但是，由于符合条件的样本期间为 2002～2004 年共三个会计年度，而假设 4～假设 n 的实证检验需要 4 个及以上会计年度的数据，因此，本部分将无法进行假设 4～假设 n 的实证检验。当然，这也将成为本书后续研究的一个方向和目标。因此，结合前面的假设 1、假设 2 和假设 3，同时对非信息披露质量以外的可能影响股权融资成本的因素加以控制，即可得到以 N 家上市公司为研究样本，2002～2004 年为样本期间，涉及 M 个控制变量的三个回归模型②：

模型 1：

$$r_{it} = \beta_0 + \beta_1 IQ_{it} + \sum_{j=2}^{M} \beta_j X_{it} + \varepsilon_{it} \qquad (6-11)$$

$$i = 1, \cdots, N, \ t = 04, 03, 02, \ j = 1, \cdots, M$$

其中：r_{it} 为被解释变量，表示第 i 家上市公司第 t 期的股权融资成本；IQ_{it} 表示第 i 家上市公司第 t 期的信息披露质量；$\sum_{j=2}^{M} X_{it}$ 为所有控制变量；

---

　　① 参照沈艺峰等的研究，对所有计算出来的公司权益资本成本，本书剔除了畸高和畸低的公司，保留权益资本成本介于（0，1）的公司进入回归分析样本。

　　② 研究假设 4 的检验需要样本公司连续 4 期的数据，如前所述，本书得到的符合条件的样本期间只有 3 期，因此，此处仅根据前三个假设，建立 3 个研究模型。

X_{it} 表示第 i 家上市公司第 t 期的某一个控制变量；β_j 为回归系数，ε_{it} 为随机误差。

模型 2：

$$r_{it} = \beta_0 + \beta_1 IQ_{it-1} + \sum_{j=2}^{M} \beta_j X_{it} + \varepsilon_{it} \qquad (6-12)$$

$$i = 1, \cdots, N, \ t = 04, 03, \ j = 1, \cdots, M$$

其中：r_{it} 为被解释变量，表示第 i 家上市公司第 t 期的股权融资成本；IQ_{it-1} 表示第 i 家上市公司第 $t-1$ 期的信息披露质量；$\sum_{j=2}^{M} X_{it}$ 为所有控制变量，X_{it} 表示第 i 家上市公司第 t 期的某一个控制变量；β_j 为回归系数，ε_{it} 为随机误差。

模型 3：

$$r_{it} = \beta_0 + \beta_1 IQ_{it-2} + \sum_{j=2}^{M} \beta_j X_{it} + \varepsilon_{it} \qquad (6-13)$$

$$i = 1, \cdots, N, \ t = 04, \ j = 1, \cdots, M$$

其中：r_{it} 为被解释变量，表示第 i 家上市公司第 t 期的股权融资成本；IQ_{it-2} 表示第 i 家上市公司第 $t-2$ 期的信息披露质量；$\sum_{j=2}^{M} X_{it}$ 为所有控制变量，X_{it} 表示第 i 家上市公司第 t 期的某一个控制变量；β_j 为回归系数，ε_{it} 为随机误差。

6.2　实证结果及其分析

6.2.1　主要变量数据分析

（1）股权融资成本（r）的数据分析

结合国泰安数据库（CSMAR）和上市公司年报数据，采用 Excel 和 SPSS 软件处理，采用 GLS 方法，即可得到样本公司 2002～2004 年的股权融资成本数据（参照惯例，以百分比表示）及其基本分析表（见

表6-3)。

表6-3 样本公司股权融资成本描述性统计与正态检验表

	all		r04		r03		r02	
A：描述性统计	Statistic		Statistic		Statistic		Statistic	
N	282		139		86		57	
Minimum	.15		.15		.22		.19	
Maximum	99.21		97.74		99.21		48.52	
Mean	7.2513		7.2597		7.9333		6.2018	
Std. Deviation	17.5021		17.6082		21.6945		7.5383	
B：正态检验	Statistic	Sig.	Statistic	Sig.	Statistic	Sig.	Statistic	Sig.
Kolmogorov – Smirnov（a）	.342	.000	.343	.000	.415	.000	.213	.000
Shapiro – Wilk	.363	.000	.362	.000	.337	.000	.664	.000

a Lilliefors Significance Correction.

从表6-3（A）不难发现，不同企业的股权融资成本存在显著差异，最低的仅为0.15%，而最高的达到99.21%，平均为7.2513%，标准差为17.5021%，表明上市公司间的股权融资成本存在明显差异，这将有助于进行更好的研究。此外，表6-3（A）还表明，不同年度的股权融资成本也存在明显差异。2002年样本公司股权融资成本平均为6.2018%，2003年样本公司股权融资成本平均为7.9333%，2004年样本公司股权融资成本平均为7.2597%，呈上升趋势。

而表6-3（B）给出了股权融资成本的正态分布检验。该检验的零假设是变量服从正态分布，该表显示，所有检验样本的 Kolmogorov – Smirnov 和 Shapiro – Wilk 两个统计量的显著性水平均为0.000，小于0.05，所以，拒绝变量的正态分布假设。而多元线性回归要求因变量是呈正态分布的连续型随机变量。为了减少样本非标准正态分布对检验结果的干扰，参照何玉（2006）[183]的做法，本书在具体的检验中，将各个样本的股权融资成本转换成秩的形式，进行检验。转换成秩以后的正态分布检验统计量明显较优（见表6-4），因此，后文中，用 *RANKR*（即股权融资成本的秩）表示股权融资成本变量。

表 6 - 4   **样本公司 *RANKR* 正态检验表**

	all		*RANKR*04		*RANKR*03		*RANKR*02	
N	282		139		86		57	
正态检验	Statistic	Sig.	Statistic	Sig.	Statistic	Sig.	Statistic	Sig.
Kolmogorov – Smirnov（a）	.062	.012	.063	.200	0.067	.200	0.064	.200
Shapiro – Wilk	.995	.000	.955	.000	.955	.000	.955	.034

a Lilliefors Significance Correction.

（2）信息披露质量（*IQ*）的数据分析

结合国泰安数据库（CSMAR）和上市公司年报数据，采用 Excel 和 SPSS 软件处理，采用第五章所建立的熵权模型，即可得到样本公司 2002 ~ 2004 年信息披露质量数据（以百分比表示）及其基本分析表（见表 6 - 5）。

表 6 - 5   **样本公司信息披露质量描述性统计表**

	all	*IQ*04	*IQ*03	*IQ*02
N	282	139	86	57
Minimum	.1497	.1787	.1702	.1497
Maximum	20.2378	12.2374	20.2378	15.9087
Mean	1.6958	1.6251	1.7012	1.8601
Std. Deviation	2.6827	2.3664	3.1017	2.7696

从表 6 - 5 不难发现，不同企业的信息披露质量存在显著差异，最低的仅为 0.1497%，而最高的达到 20.2378%，平均为 1.6958%，标准差为 2.6827%，表明上市公司间的股权融资成本存在明显差异，这将有助于进行更好的研究。此外，表 6 - 5 还表明，不同年度的信息披露质量也存在明显差异。2002 年样本公司信息披露质量平均为 1.8601%，2003 年样本公司信息披露质量平均为 1.7012%，2004 年样本公司信息披露质量均为 1.6251%，呈下降趋势。

6.2.2　实证结果分析

（1）描述性统计分析

表 6 - 6 ~ 表 6 - 8 为总样本下变量的描述性统计结果：

表 6 - 6　　　总样本下模型 1 变量的描述性统计表

	N	Minimum	Maximum	Mean	Std. Deviation
$RANKR_t$	282	1.0000	282.0000	141.5000	81.5499
IQ_t	282	.1497	20.2378	1.6958	2.6827
OR_t	282	.0079	1.0452	.2351	.1837
FR_t	282	.0707	.8429	.4527	.1562
BC_t	282	.0915	.9047	.5539	.1730
S_t	282	19.1851	23.6306	21.4447	.7605
T_t	282	2.5384	6.8158	5.1646	.5884
$BETA_t$	282	.445	2.252	.9531	.2694
$YEAR$	282	2	4	3.29	.783

表 6 - 7　　　总样本下模型 2 变量的描述性统计表

	N	Minimum	Maximum	Mean	Std. Deviation
$RANKR_t$	179	1.0000	178.5000	90.0000	51.8163
IQ_{t-1}	179	.1497	8.8066	1.1988	1.4976
OR_t	179	.0079	.8472	.2299	.1698
FR_t	179	.0707	.8429	.4680	.1597
BC_t	179	.1156	.9047	.5607	.1723
S_t	179	19.1851	23.6306	21.4922	.7896
T_t	179	3.3969	6.8158	5.2757	.5519
$BETA_t$	179	.4450	2.2470	.9458	.2595
$YEAR$	179	3	4	3.64	.482

表 6 - 8　　　　　总样本下模型 3 变量的描述性统计表

	N	Minimum	Maximum	Mean	Std. Deviation
$RANKR_t$	57	1.0000	57.0000	29.0000	16.5979
IQ_{t-2}	57	.1497	15.9087	1.8601	2.7696
OR_t	57	.0226	.7895	.2477	.1653
FR_t	57	.0707	.7610	.4663	.1671
BC_t	57	.1251	.9047	.5873	.1657
S_t	57	19.3045	23.0852	21.5353	.7819
T_t	57	3.9435	6.8158	5.2783	.5059
$BETA_t$	57	.445	1.569	.9370	.2333

表 6 - 6 ~ 表 6 - 8 为总样本下模型 1、模型 2、模型 3 变量的描述性统计结果①，三个表分别反映了样本公司 2002 ~ 2004 年、2003 ~ 2004 年以及 2004 年当年的变量值。从 OR 可以看出，分别为 0.2351、0.2299 以及 0.2477，略低于 1993 ~ 2001 年的平均水平 0.45[198]。我们知道，上市公司经营风险是指上市公司的经营好坏受多种因素影响，如管理能力、财务状况、市场前景、行业竞争、人员素质等。随着我国资本市场完善、经理人市场的逐渐兴起以及人力资源管理的不断深入，有理由相信上市公司对各种风险的规避能力日益加强，因此，近年 OR 值低于早年值亦在情理之中。FR 值分别为 0.4527、0.4680 和 0.4663，略低于 1993 ~ 2001 年的平均水平 0.76[198]，这也与近年来我国资本市场繁荣，上市公司融资渠道多元化的现状相符。BC 分别为 0.5539、0.5607 和 0.5873，与沪市 2000 ~ 2001 年的均值 0.4589[88] 相比略有增加，但差异不大。S 值分别为 21.4447、21.4922 和 21.5353，与深市 2002 ~ 2003 年的均值 21.2169[11] 基本一致。T 值分别为 5.1646、5.2757 和 5.2783，与 1993 ~ 2001 年的平均水平 5.11[198] 基本持平。BETA 值分别为 0.9531、0.9458 和 0.9370，与深市 2002 ~ 2003 年的均值 0.9383[11] 基本一致，说明样本公司的系统风险比市场风险略低。接下来，本书分别以 RANKR 和 IQ 为被解释变量和解释变量，运用模型 1、模型 2 和模型 3，对信息披露质量对股权融资成本的影响进行实证检验。

---

①　由于 R 和 IQ 在前文已进行了详细的统计性分析，因此，各模型描述性统计分析中将不再涉及这两个变量，下同。

（2）实证结果分析

表 6-9 中列示了总样本下信息披露质量对股权融资成本影响的多元回归分析结果：

表 6-9　总样本下信息披露质量对股权融资成本影响分析

变量	模型 1			模型 2			模型 3		
	回归系数	Sig.	VIF	回归系数	Sig.	VIF	回归系数	Sig.	VIF
常数项	45.271	.179		41.250	.315		-46.038	.505	
IQ_t（IQ_{t-1}、IQ_{t-2}）	-.359	.372	1.009	-4.301	.000	1.151	-1.573	.058	1.130
OR_t	-14.096	.020	1.061	-12.380	.113	1.029	1.410	.919	1.179
FR_t	15.202	.045	1.203	7.491	.407	1.225	-1.393	.928	1.490
BC_t	-6.334	.337	1.131	-9.139	.257	1.135	13.547	.357	1.304
S_t	-2.867	.064	1.194	-2.824	.118	1.188	3.633	.234	1.248
T_t	2.397	.231	1.198	2.818	.274	1.186	1.254	.796	1.335
$BETA_t$	-5.552	.182	1.087	-5.929	.264	1.116	-15.531	.131	1.244
$YEAR$	11.468	.000	1.214	12.960	.000	1.067	—	—	—
N	282			179			57		
Adjusted R²	0.221			0.249			0.093		
F-test（p-value）	10.974（0.000）			8.392（0.000）			1.819（0.100）		
Durbin-Watson	1.853			1.895			1.960		

注：被解释变量为 $RANKR_t$；模型 1 的解释变量为 IQ_t，模型 2 的解释变量为 IQ_{t-1}，模型 3 的解释变量为 IQ_{t-2}。

回归结果显示，模型 1、模型 2 和模型 3 校正后的 R^2 分别为 0.221、0.249 和 0.093，虽然绝对值并不高，但是，类似代表性研究博托桑（1997）[6] 的 R^2 为 0.135，曾颖，陆正飞（2006）[11] 的 R^2 为 0.2682，都很接近。D.W 值分别为 1.853、1.895 和 1.960，均接近 2，表明不存在自相关。同时，作为模型整体有效性指标的 F 检验结果分别为 10.974、8.392 和 1.819，模型 1 和模型 2 的显著性概率小于 0.01，表明这两个模型在

1% 的显著性水平下具有统计意义，而模型 3 的显著性概率为 0.10，表明模型 3 在 10% 的显著性水平下具有统计意义。检验多重共线性 VIF 值均在 1 左右，显著小于 5，表明三个模型的变量之间均不存在严重的多重共线性。因此，总体上看，模型 1、模型 2 和模型 3 的回归效果是可以接受的。以下就各个模型进行具体分析：

三个模型的被解释变量均为 2004 年股权融资成本，模型 1 的解释变量为 2004 年的信息披露质量，其系数为负，但并不显著（Sig. = 0.372），证明假设 1（上市公司信息披露质量与其当期的股权融资成本不相关）成立。模型 2 的解释变量为 2003 年的信息披露质量，其系数为负，且在 1% 的水平下显著（Sig. = 0.000），证明假设 2（上市公司信息披露质量与其后第一期（下期）的股权融资成本负相关）成立。模型 3 的解释变量为 2002 年的信息披露质量，其系数为负，且在 10% 的水平下显著（Sig. = 0.058），证明假设 3（上市公司信息披露质量与其后第二期的股权融资成本负相关）成立。

控制变量的回归结果具有较大的差异性，模型 1 下，经营风险 OR 的回归系数显著为负，说明市场（投资者）不仅没有低估经营风险较高的公司股票价值，反而有可能高估了这些企业的股票价值，存在风险偏好。财务风险 FR 的回归系数显著为正，与以往研究结论一致[15][11]，说明资产负债率越高的公司，投资者所要求的回报率越高，符合一般的理论分析。公司规模 S 的回归系数显著为负，说明规模较大的公司更容易为社会公众所了解，从而公司与外部投资者之间的信息不对称程度较低，公司股权融资成本也较低。破产成本 BC 的回归系数为负，但是不显著，可能是由于资产担保价值不能全面的衡量公司的破产成本，但与叶康涛、陆正飞（2004）[88] 的研究结论基本一致。β 系数和流动性 T 的回归系数分别为负和正，且均不显著，这有可能是以下原因造成的：（1）我国证券市场仍存在一些与其他国家市场不同的特征。由于我国市场的特殊性，这两个指标并不能很好地衡量市场风险或者股票流动性。β 值无法很好地衡量市场风险，它与股权融资成本的关系也并非如 CAPM 模型的预期，这有可能是因为我国股票市场达不到 CAPM 的假设条件；（2）市场风险和股票流动性相比其他因素而言，并不能对我国股权融资成本产生显著的影响。模型 2 和模型 3 下所有的控制变量均不显著，说明在进行这两个假设的探索性研究中，以上市公司当期数据作为控制变量可能存在不够完善之处，而且符合条件的样本数也较少，当然，这也是本书需要进一步研究的方向。

6.3　稳 定 性 测 试

为了考察本书研究结果的稳健性，本书试图对研究模型的研究样本、被解释变量、解释变量进行稳定性测试。但是，由于国内外对信息披露质量测度的研究均尚处探索阶段，尚无十分合适的权威资料或方法。就国内现有研究资料而言，大多采用了深圳证券交易所（www. szse. cn）每年公布的对深市上市公司信息披露考评结果或者盈余质量来进行替代研究，由于上交所没有类似于深交所的考评结果，且用盈余质量替代信息披露质量与本书研究的假设前提不相符。因此，无法进行关于解释变量——信息披露质量的稳定性测试。故而，在此仅进行研究样本以及被解释变量——股权融资成本（r）的稳定性测试：

（1）分年度样本

为了检验信息披露质量与股权融资成本之间的关系在年度间是否稳定，下面将进行分年度的多元回归①。

①描述性统计分析

表 6 - 10、表 6 - 11 为分年度样本下变量的描述性统计结果。

表 6 - 10　　分年度样本下模型 1 变量的描述性统计表

	N	Minimum	Maximum	Mean	Std. Deviation
2004 年度					
$RANKR_t$	139	1. 0000	139. 0000	70. 0000	40. 2692
IQ_t	139	. 1787	12. 2374	1. 6251	2. 3664
OR_t	139	. 01684	1. 0452	. 2654	. 2100

---

①　如前所述，本书得到的符合条件的样本期间只有 3 期，因此，符合假设 3 检验的样本只有一个配对年度（04R—02IQ，已在总体样本检验部分进行检验），不存在分年度检验，故而，本书只对假设 1 和假设 2 进行分年度检验。

	N	Minimum	Maximum	Mean	Std. Deviation
2004 年度					
FR_t	139	.0707	.8429	.4627	.1587
BC_t	139	.0915	.9047	.5520	.1730
S_t	139	19.3045	23.6306	21.5122	.7735
T_t	139	3.4164	6.8158	5.3577	.4793
$BETA_t$	139	.445	1.569	.9289	.2015
2003 年度					
$RANKR_t$	86	1.0000	86.0000	43.5000	24.9687
IQ_t	86	.1702	20.2378	1.7012	3.1017
OR_t	86	.0079	.6039	.2072	.1426
FR_t	86	.1196	.7875	.4523	.1585
BC_t	86	.1425	.8529	.5475	.1825
S_t	86	19.1851	23.3685	21.4468	.7661
T_t	86	2.5384	6.6297	5.0837	.7122
$BETA_t$	86	.48	2.25	.9741	.3187
2002 年度					
$RANKR_t$	57	1.0000	57.0000	29.0000	16.5977
IQ_t	57	.1497	15.9087	1.8601	2.7696
OR_t	57	.0204	.6554	.2034	.1592
FR_t	57	.1653	.7319	.4290	.1460
BC_t	57	.1786	.8545	.5680	.1601
S_t	57	19.9948	22.7563	21.2771	.7053
T_t	57	3.8752	5.9159	4.8158	.4183
$BETA_t$	57	.586	2.252	.9806	.3270

表6-11 分年度样本下模型2变量的描述性统计表

	N	Minimum	Maximum	Mean	Std. Deviation
2004 年度					
$RANKR_t$	114	1.0000	114.0000	57.5000	33.0522
IQ_{t-1}	114	0.1589	7.4229	1.0257	1.3122
OR_t	114	0.0226	0.8472	0.2387	0.1810
FR_t	114	0.0707	0.8429	0.4677	0.1626
BC_t	114	0.1156	0.9047	0.5686	0.1682
S_t	114	19.3045	23.6306	21.5197	0.7908
T_t	114	3.9435	6.8158	5.3443	0.4422
$BETA_t$	114	0.4450	1.3650	0.9196	0.1918
2003 年度					
$RANKR_t$	65	1.0000	64.500	33.0000	18.9066
IQ_{t-1}	65	0.1497	8.8066	1.5023	1.7466
OR_t	65	0.0079	0.5985	0.2143	0.1482
FR_t	65	0.1196	0.7353	0.4684	0.1559
BC_t	65	0.1425	0.8529	0.5470	0.1799
S_t	65	19.1851	23.3685	21.4441	0.7914
T_t	65	3.3969	6.6297	5.1553	0.6920
$BETA_t$	65	0.4840	2.2470	0.9920	0.3448

表6-10、表6-11为分年度样本下模型1、模型2变量的描述性统计结果，表6-10反映了样本公司2002~2004年当年的变量值。从 OR 可以看出，分别为0.2034、0.2072以及0.2654，呈现逐年递增的态势。说明在市场前景不确定性的逐步增加以及行业竞争日益激烈等因素的影响下，公司的经营风险日益上升，因此，近年 OR 值呈现逐年递增的态势亦在情理之中。FR 值分别为0.4290、0.4523和0.4627，虽然呈现上升之势，但是差异并不明显，而且均低于理论值0.5。BC 分别为0.5680、0.5475和0.5520，呈现下降态势，与沪市2000~2001年的均值0.4589[88]相比，这种趋势性更为明显。S 值分别为21.2771、21.4468和21.5122，成逐年递增态势，表明我国上市公司规模正在逐年增大。T 值分别为

4.8158、5.0837 和 5.3577，呈现上升态势，与 1993～2001 年的平均水平 5.11[198] 相比，这种趋势性更为明显。BETA 值分别为 0.9806、0.9196 和 0.9289，与深市 2002～2003 年的均值 0.9383[11] 基本一致，说明样本公司的系统风险比市场风险略低。除信息披露质量为 2003 年数据外，表 6-11 数据均为样本公司 2004 年当年变量值，与表 6-10 反映内容基本一致，因此，此处不再赘述。接下来，本书分别以 RANKR 和 IQ 为被解释变量和解释变量，运用模型 1 和模型 2，以分年度数据为样本，对信息披露质量对股权融资成本的影响的稳定性进行检验。

②实证结果分析

表 6-12 中列示了分年度样本下信息披露质量对股权融资成本影响的多元回归分析结果。

表 6-12　　　分年度样本下信息披露质量对股权融资成本影响分析

变量	模型 1					模型 2				
	回归系数	t	Sig.	Tolerance	VIF	回归系数	t	Sig.	Tolerance	VIF
2004 年度										
常数项	154.570	2.376	.019			144.891	2.321	.022		
$IQ_t(IQ_{t-1})$	-.421	-.516	.607	.973	1.028	-6.102	-4.155	.000	.913	1.096
OR_t	-26.771	-2.831	.005	.922	1.085	-25.043	-2.315	.023	.884	1.131
FR_t	30.436	2.283	.024	.812	1.232	18.373	1.443	.152	.791	1.264
BC_t	-18.235	-1.590	.114	.922	1.084	-16.305	-1.429	.156	.921	1.086
S_t	-5.705	-2.077	.040	.805	1.242	-5.616	-2.194	.030	.827	1.209
T_t	3.177	.743	.459	.866	1.154	6.026	1.309	.193	.817	1.223
$BETA_t$	-8.480	-.866	.388	.933	1.071	-11.364	-1.127	.262	.905	1.105
N	139					114				
Adjusted R^2	0.069					0.203				
F-test (p-value)	2.455 (0.021)					5.111 (0.000)				
Durbin-Watson	1.994					2.005				

续表

变量	模型1					模型2				
	回归系数	t	Sig.	Tolerance	VIF	回归系数	t	Sig.	Tolerance	VIF
2003年度										
常数项	-56.993	-1.447	.152			-58.805	-1.626	.109		
$IQ_t(IQ_{t-1})$	$-.835$	-1.907	.060	.923	1.084	-2.278	-3.083	.003	.846	1.182
OR_t	23.762	2.517	.014	.939	1.065	13.312	1.603	.114	.930	1.075
FR_t	-11.928	-1.312	.193	.819	1.221	-7.689	$-.891$	.377	.778	1.285
BC_t	7.505	.956	.342	.830	1.205	3.389	.449	.655	.763	1.311
S_t	3.196	1.688	.095	.809	1.236	3.640	2.161	.035	.793	1.261
T_t	2.607	1.372	.174	.930	1.076	1.383	.704	.484	.762	1.313
$BETA_t$	-5.049	-1.125	.264	.832	1.202	-6.502	-1.704	.094	.814	1.229
N	86					65				
Adjusted R^2	0.098					0.23				
F – test（p-value）	2.315（0.034）					3.729（0.002）				
Durbin – Watson	1.841					1.912				
2002年度										
常数项	64.100	1.543	.129							
$IQ_t(IQ_{t-1})$	.042	.108	.914	.922	1.085					
OR_t	3.959	.515	.609	.729	1.372					
FR_t	15.667	1.876	.067	.734	1.361					
BC_t	5.203	.643	.523	.651	1.537					
S_t	-2.313	-1.306	.198	.699	1.431					
T_t	$-.659$	$-.246$	.807	.869	1.150					
$BETA_t$	-7.656	-2.287	.027	.911	1.098					
N	57									
Adjusted R^2	0.113									
F – test（p-value）	2.019（0.071）									
Durbin – Watson	2.037									

注：被解释变量为 $RANKR_t$；模型1的解释变量为 IQ_t，模型2的解释变量为 IQ_{t-1}。

　　回归结果显示，模型 1 中三个年度校正后的 R^2 分别为 0.069、0.098 和 0.113，模型 2 中两个年度校正后的 R^2 分别为 0.203 和 0.23，虽然绝对值并不高，但是，类似代表性研究博托桑（1997）[6] 的 R^2 为 0.135，曾颖、陆正飞（2006）[11] 的 R^2 为 0.2682，都很接近。模型 1 中三个年度的 D.W 值分别为 1.994、1.841 和 2.037，模型 2 中两个年度的 D.W 值分别为 2.005 和 1.912，都接近 2，表明不存在自相关。同时，作为模型整体有效性指标的 F 检验结果，模型 1 中三个年度分别为 2.445、2.315 和 2.019，其中前两个年度的显著性概率小于 0.05，表明 2004 年度和 2003 年度样本下，模型 1 在 5% 的显著性水平下具有统计意义，而 2002 年度的显著性概率为 0.071，表明 2002 年度样本下，模型 1 在 10% 的显著性水平下具有统计意义。模型 2 的中两个年度的 F 值分别为 5.111 和 3.729，显著性概率均小于 0.01，表明在 2004 年度和 2003 年度样本下，模型 2 在 1% 的显著性水平下具有统计意义。检验多重共线性 VIF 值均在 1 左右，显著小于 5，表明两个模型的变量之间均不存在严重的多重共线性。因此，总体上看，模型 1 和模型 2 的回归效果是可以接受的。以下就各个模型进行具体分析：

　　模型 1 中，被解释变量分别为 2004 年、2003 年及 2002 年的股权融资成本，解释变量分别为 2004 年、2003 年及 2002 年的信息披露质量。其中，2004 年信息披露质量的系数为负，但不显著（Sig. = 0.607），与总样本检验一致；2003 年信息披露质量的系数为负，在 10% 的水平下显著（Sig. = 0.06），与总样本检验不一致；2002 年信息披露质量的系数为正，但不显著（Sig. = 0.914），与总样本检验基本一致；说明假设 1（上市公司信息披露质量与其当期的股权融资成本不相关）虽然成立，但是，在样本量较小的情况下①，模型 1 稳定性不高。在模型 2 中，被解释变量分别为 2004 年及 2003 年的股权融资成本，解释变量分别为 2003 年及 2002 年的信息披露质量。其中，2003 年及 2002 年信息披露质量的系数均为负，且均在 1% 的水平下显著（Sig. = 0.000，Sig. = 0.003），与总样本检验一致，说明假设 2（上市公司信息披露质量与其后第一期（下期）的股权融资成本负相关）在分年度检验下仍然成立，模型 2 具有稳定性。

---

　　① 2003 年和 2002 年的回归样本数分别为 86 家和 57 家，远低于总样本数 282 家和 2004 年样本数 139 家。

（2）股权融资成本（r）的其他计量

在本章前面的检验中，股权融资成本是以 GLS 方法来计量的。为了考察这些检验是否受到股权融资成本计量方法的不同而使结果发生改变，此处将以增量估计方法（Gordon，Gordon[194]）来计量股权融资成本。采用新的股权融资成本后的检验结果如表 6－13 及表 6－14 所示①。

①增量估计法下股权融资成本分析②

结合国泰安数据库（CSMAR）和上市公司年报数据，采用 Excel 和 SPSS 软件处理，采用增量估计方法，即可得到深市样本公司 2002～2004 年样本公司的股权融资成本数据（参照惯例，以百分比表示）的基本分析表（见表 6－13）。

表 6－13　　　样本公司增量估计法下股权融资成本描述性统计与正态检验表

	all		r04		r03		r02	
A：描述性统计	Statistic		Statistic		Statistic		Statistic	
N	160		86		46		28	
Minimum	.25		.25		1.34		1.2331	
Maximum	26.47		26.47		22.21		6.7730	
Mean	7.1779		8.2859		7.9465		2.5119	
Std. Deviation	5.2098		5.6154		4.3247		1.3781	
B：正态检验	Statistic	Sig.	Statistic	Sig.	Statistic	Sig.	Statistic	Sig.
Kolmogorov – Smirnov (a)	.121	.000	.111	.011	.167	.003	.220	.001
Shapiro – Wilk	.900	.000	.932	.000	.843	.000	.808	.000

a Lilliefors Significance Correction.

---

① 这里以深市样本公司作为研究样本进行检验，样本期间仍为 2002～2004 年度。
② 由于解释变量信息披露质量和控制变量数据与前述一样，因此，此处不再对这两类样本进行描述性统计分析，而仅对增量估计法下的股权融资成本进行分析。

从表 6 - 13（A）不难发现，增量估计法下不同企业的股权融资成本存在显著差异，最低的仅为 0.25%，而最高的达到 26.47%，平均为 7.1779%，标准差为 5.2098%，表明上市公司间的股权融资成本存在明显差异，这将有助于进行更好的研究。此外，通过与表 6 - 3（A）的对比，可以发现，增量估计法下的平均股权融资成本（7.1779%）与 GLS 法下的 7.2513% 基本一致，从一定程度上表明估计的有效性。表 6 - 13（B）给出了增量估计法下股权融资成本的正态分布检验。该表显示，所有检验样本的 Kolmogorov - Smirnov 和 Shapiro - Wilk 两个统计量的显著性水平均小于 0.05，因此，拒绝变量的正态分布假设。故而，同前面检验一样，在本部分的检验中，将各个样本的股权融资成本转换成秩的形式进行检验，并且用 $RANKR$（即股权融资成本的秩）表示股权融资成本变量。接下来，本书分别以 $RANKR$ 和 IQ 为被解释变量和解释变量，运用模型 1 和模型 2，以分年度数据为样本对信息披露质量对股权融资成本的影响的稳定性进行检验。

②实证结果分析

表 6 - 14 中列示了分年度样本信息披露质量对增量估计法下股权融资成本影响的多元回归分析结果。回归结果显示，模型 1 中三个年度校正后的 R^2 分别为 0.1、0.129 和 0.11，模型 2 中两个年度校正后的 R^2 分别为 0.153 和 0.234，模型 3 校正后的 R^2 为 0.454，虽然绝对值并不高，但是，类似代表性研究博托桑（1997）[6] 的 R^2 为 0.135，曾颖、陆正飞（2006）[11] 的 R^2 为 0.2682，都很接近。模型 1 中三个年度的 D.W 值分别为 2.028、2.054 和 1.848，模型 2 中两个年度的 D.W 值分别为 2.118 和 2.052，模型 3 的 D.W 值为 1.945，都非常接近 2，表明不存在自相关。同时，作为模型整体有效性指标的 F 检验结果，模型 1 中三个年度分别为 2.350、1.952 和 1.477，其中 2004 年的显著性概率小于 0.05，2003 年的显著性概率小于 0.1，2002 年的显著性概率为 0.231，表明 2004 年度样本下，模型 1 在 5% 的显著性水平下具有统计意义，在 2003 年度样本下，模型 1 在 10% 的显著性水平下具有统计意义，在 2002 年度样本下，模型 1 不具有显著的统计意义。模型 2 中两个年度的 F 值分别为 2.982 和 2.698，显著性概率分别小于 0.01 和 0.05，表明 2004 年度样本下，模型 2 在 1% 的显著性水平下具有统计意义，在 2003 年度样本下，模型 2 在 5% 的显著性水平下具有统计意义。模型 3 的 F 值为 4.212，显著性概率小于 0.01，表明模型 3

在 1% 的显著性水平下具有统计意义。检验多重共线性 VIF 值均在 1 左右，显著小于 5，表明三个模型的变量之间均不存在严重的多重共线性。因此，总体上看，模型 1、模型 2 和模型 3 的回归效果是可以接受的。以下就各个模型进行具体分析。

表 6 – 14　　　增量估计法下信息披露质量对股权融资成本影响分析

变量	模型 1			模型 2			模型 3		
2004 年度	回归系数	Sig.	VIF	回归系数	Sig.	VIF	回归系数	Sig.	VIF
常数项	280.564	.000		216.054	.006		105.934	.056	
IQ_t (IQ_{t-1}、IQ_{t-2})	−.475	.615	1.068	−22.775	.023	1.227	−76.934	.042	1.409
OR_t	−24.216	.073	1.083	−24.805	.067	1.146	−10.920	.630	1.266
FR_t	−6.598	.710	1.121	−10.092	.553	1.162	−3.855	.985	1.782
BC_t	−.487	.977	1.106	6.976	.656	1.156	−.210	.517	2.185
S_t	−8.293	.010	1.191	−5.965	.056	1.184	8.794	.797	1.704
T_t	−9.257	.162	1.122	−6.057	.320	1.098	.449	.000	1.274
$BETA_t$	2.382	.860	1.066	.916	.951	1.284	14.603	.542	1.619
N	86			78			28		
Adjusted R^2	0.100			0.153			0.454		
F – test（p-value）	2.350 (0.031)			2.982 (0.009)			4.212 (0.005)		
Durbin – Watson	2.028			2.118			1.945		
2003 年度	回归系数	Sig.	VIF	回归系数	Sig.	VIF			
常数项	95.214	.057		145.394	.002				
IQ_t (IQ_{t-1}、IQ_{t-2})	−17.670	.011	1.243	−8.346	.009	1.506			
OR_t	−6.095	.684	1.051	−1.130	.936	1.070			
FR_t	−17.093	.231	1.125	10.798	.401	1.289			
BC_t	6.832	.579	1.343	−9.582	.454	1.873			
S_t	−2.272	.354	1.265	−5.211	.018	1.224			
T_t	−2.069	.461	1.146	−2.593	.294	1.147			
$BETA_t$	1.841	.818	1.609	6.838	.285	1.310			

变量	模型 1	模型 2	模型 3
N	46	40	
Adjusted R^2	0.129	0.234	
变量	模型 1	模型 2	模型 3
F – test（p-value）	1.952（0.088）	2.698（0.026）	
Durbin – Watson	2.054	2.052	

2002 年度	回归系数	Sig.	VIF
常数项	– 108.340	.154	
IQ_t（IQ_{t-1}、IQ_{t-2}）	11.005	.138	1.741
OR_t	– 9.271	.600	2.351
FR_t	– 5.905	.703	1.757
BC_t	– 6.824	.666	1.961
S_t	5.457	.085	1.962
T_t	3.656	.394	1.443
$BETA_t$	– 5.663	.438	1.331
N	28		
Adjusted R^2	0.110		
F – test（p-value）	1.477（0.231）		
Durbin – Watson	1.848		

注：被解释变量为 $RANKR_t$；模型 1 的解释变量为 IQ_t，模型 2 的解释变量为 IQ_{t-1}，模型 3 的解释变量为 IQ_{t-2}。

模型 1 中，被解释变量分别为 2004 年、2003 年及 2002 年增量估计法下的股权融资成本，解释变量分别为 2004 年、2003 年及 2002 年的信息披露质量。其中，2004 年信息披露质量的系数为负，但不显著（Sig. = 0.615），与总样本检验一致；2003 年信息披露质量的系数为负，在 5% 的水平下显著（Sig. = 0.011），与总样本检验不一致；2002 年信息披露质量的系数为正，但不显著（Sig. = 0.138），与总样本检验基本一致；同上述分年度检验结果一致，说明假设 1（上市公司信息披露质量与其当期的股权融资成本不相关）虽然成立，但是，模型 1 稳定性不高。模型 2 中，被解释变量分别为 2004 年及 2003 年的股权融资成本，解释变量分别为 2003 年及 2002 年的信息披露质量。其中，2003 年及 2002 年信息披露质量的系数均为负，且分别在 5% 和 1% 的水平下显著（Sig. = 0.023，Sig. = 0.009），与总样本检验一致；同上述分年度检验结果亦一致，说明假设 2（上市公司信息披露质量与其后第一期（下期）的股权融资成本负相关）在增量估计法下的分年度检验中仍然成立，模型 2 具有稳定性。模型 3 中，被解释变量为 2004 年的股权融资成本，解释变量为 2002 年的信息披露质量。信息披露质量的回归系数为负，且在 5% 的水平下显著（Sig. = 0.042），与总样本检验一致；说明假设 3（上市公司信息披露质量与其后第二期的股权融资成本负相关）在增量估计法下的分年度检验中仍然成立，模型 3 具有稳定性。

6.4　本　章　小　结

　　基于第五章的理论分析及提出的研究假设，本章以我国上海和深圳证券市场 A 股上市公司数据作为分析样本，第三章、第四章设计和验证的熵模型和 GLS 方法分别作为信息披露质量和股权融资成本的测度方法，对信息披露质量对股权融资成本的影响进行了实证研究。研究结果表明：上市公司信息披露质量与其当期的股权融资成本不相关，与其后第一期（下期）的股权融资成本负相关，与其后第二期的股权融资成本负相关。同时，通过分年度样本和增量估计法下股权融资成本的分年度样本，对信息披露质量与股权融资成本之间关系的稳定性进行检验，结果表明：上市公司信息披露质量与其当期的股权融资成本不相关的结论在样本较少情况下稳定性不高；而上市公司信息披露质量与其后第一期（下期）的股权融资成本负相关以及上市公司信息披露质量与其后第二期的股权融资成本负相关的结论具有较强的稳定性。

　　本书研究结论中，除了模型 2 和模型 3 属于创新性研究外，模型 1 所揭示的内容也与大多已有研究结论不一致，在此做以简要说明。以往研究信息披露质量所用测度指标，大多是财务报告的披露数量、信息含量、财务报告盈余质量、权威机构评价结果等，所包含的信息披露考核内容属于综合性较强的指标，而且对信息的发布时间没有明确界定，可以认为是整个会计年度所发布的所有信息的质量考核，因此会得到信息披露质量与当期股权融资成本负相关的稳定结论。而本书的所研究的信息披露质量，仅指年报的信息披露质量，时间性较强，因此，才会得到信息披露质量与当期股权融资成本不相关的结论。另外，本书的这一研究结论在样本较少时不稳定，也可以从一定程度上说明如果上市公司年报提前泄露，则信息披露质量与当期股权融资成本亦会存在负相关的可能。而这一特殊结论所反映的内容，与目前已有的大多研究一致，也从侧面反映了本书对（年报）信息披露质量测度的有效性。

以上研究结果说明，在我国，信息披露质量能够影响上市公司的股权融资成本，信息披露具有经济后果，表明我国证券市场上的投资者已经能够在一定程度上区别对待信息披露质量不同的上市公司。因此，对上市公司而言，有必要进一步提高信息披露质量，从而改善融资效率；而且，上市公司管理者为了降低公司再融资的权益资本成本，应该持之以恒地致力于保持较高的信息披露的质量，而不能只是提高公司某年的信息披露质量。而对信息披露本身而言，将科学、完善的上市公司信息披露质量评价体系予以公开化，真实传递我国上市公司的信息披露真实水平，从而使信息披露质量对股权融资成本的影响变得更加明显，将不仅有利于股票市场功能的有效发挥，而且使得社会经济资源配置向更加良性的方向发展。

第7章

结论与展望

7.1 主要工作及结论

研究上市公司信息披露质量的测度方法及经济后果，为利益相关者提供决策依据，已经成为我国乃至整个世界资本市场经济秩序稳定、健康发展的紧迫问题。因此，本书力图在信息披露质量的测度方法和经济后果方面做出一定突破。故而，研究内容不趋同于对信息质量做出系统、定性、宽泛的研究，也不全面分析影响信息披露质量的政策、法规环境，只试图探索信息披露质量的测度方法，并在此基础上研究其对股权融资成本的影响。

基于此，在研究过程中，本书主要得到了以下研究结论：

①对会计信息质量的相关问题进行界定，指出本书研究基础是公司年报，并且着重研究资产负债表、利润表及现金流量表这三大报表的信息质量，以这三大报表的信息质量来表征信息披露质量。通过对真实性、可靠性、及时性、相关性相互之间关系的辨析，结合我国资本市场的现实情况，提出以真实性和及时性作为衡量会计信息质量的标准。在真实性与及时性的关系上，将兼顾真实性与及时性，以满足年报真实可靠前提下的及时性作为衡量标准。同时，通过对我国公司治理中三大主体的分析，指出在我国目前的公司治理结构下，对信息披露质量起决定性作用的行为主体只能是经理层。

②根据会计信息形成过程，结合会计信息质量内涵，提出本书的会计

信息质量形成路径；并通过详尽的分析，提出本书所指信息披露质量仅指信息披露过程这一环节的质量，是对通过会计信息生成系统形成的关于公司内部的股权结构、治理结构、财务信息和其他重要信息面向社会公开传递的上市公司信息披露过程的整体评价，主要从真实性和及时性两方面进行测度。根据提出的我国上市公司信息披露质量的形成路径，在信息披露质量特征的统驭下，通过归纳与提炼，在有理有据的基础上形成"真实性"和"及时性"统驭下的共 18 个指标构成的信息披露质量测度指标体系。并通过对选择熵模型的必要性、熵模型的原理与理论基础的分析研究，结合形成的信息披露质量评价指标体系，构建信息披露质量的熵测度模型。

③采取配对样本比较的方法，进行信息披露质量熵测度模型有效性的实证检验。具体而言，以 1999 ~ 2006 年受到证监会和证券交易所违规处理，且违规类型为虚构利润、虚列资产、虚假陈述、重大遗漏或其他的违规企业共 20 家作为违规样本，同时选取其配对样本 20 家，得到共 40 家样本进行实证检验。研究结果表明：在熵权测度模型下，两类公司的信息披露质量的确存在显著差异，从而证实使用熵模型测度信息披露质量的有效性。

④将韦雷基亚的经济时间轴的时点与现实公司营运相结合，对经济时间轴进行延伸分析，构建上市公司动态简化营运图，进一步分析考虑时间性的信息披露质量对股权融资成本的影响。即上市公司的季报、半年报、临时公告等披露，将会影响当期投资者股票交易行为，从而影响上市公司当期股权融资成本；而上市公司当期的年报披露，将会影响其后各期的投资者股票交易行为，从而影响其后各期的股权融资成本。

⑤以我国上海和深圳证券市场 A 股上市公司数据作为分析样本，GLS方法和第三章、第四章设计并证实有效的熵模型分别作为股权融资成本和信息披露质量的测度方法，对信息披露质量对股权融资成本的影响进行实证研究。研究结果表明：上市公司信息披露质量与其当期的股权融资成本不相关，与其后第一期（下期）的股权融资成本负相关，与其后第二期的股权融资成本负相关。同时，通过分年度样本和增量估计法下股权融资成本的分年度样本，对信息披露质量与股权融资成本之间关系的稳定性进行检验，结果表明：上市公司信息披露质量与其当期的股权融资成本不相关的结论在样本较少情况下稳定性不高；而上市公司信息披露质量与其后第一期（下期）的股权融资成本负相关以及上市公司信息披露质量与其后第

二期的股权融资成本负相关的结论具有较强的稳定性。

7.2　局限性及进一步研究方向

　　尽管本书达到了预期的研究目标，并且获得了一些创造性研究成果，但由于本研究实际操作难度很大、困难较多，因此，本书研究仍存在一定的局限性，总结和分析这些局限性，有利于今后继续深入研究：

　　①本书所研究的信息披露质量只涉及了上市公司的年报，而上市公司信息披露的内容十分广泛，因此，还需要对其他信息披露形式（内容）（半年报、季报、临时公告等）作深入的研究。例如，由于本书研究的信息披露质量主要是对上市公司年报的考量，因此，对基于经济时间轴进行延伸分析构建的考虑时间性的信息披露质量对股权融资成本影响的理论模型的结论1——上市公司第 i 期的季报、半年报、临时公告等披露，将会影响第 i 期投资者股票交易行为，从而影响其第 i 期股权融资成本未能进行实证检验，后续研究中将对此结论做进一步的验证。

　　②由于国内外对信息披露质量测度的研究均尚处探索阶段，因此，尚无十分合适的对本书结果有效性进行验证的权威资料或方法。本书采用了以 1999～2006 年配对样本比较的方法，证明在熵权测度模型下，两类公司的信息披露质量的确存在显著差异，从而进一步说明使用熵模型测度信息披露质量科学且有效。虽然在现有条件下，这一方法是较为合理有效的验证方法，但是，限于数据资料所限，本书所采用的样本量只有 40 个，因此，对该信息披露质量测度模型进行更全面、细致的验证，将成为本研究主题的进一步研究方向。

　　③由于样本的局限，本书对基于经济时间轴进行延伸分析构建的考虑时间性的信息披露质量对股权融资成本影响的理论模型所得到的假设4～假设 n——上市公司信息披露质量与其后第3期，……，第 $n-1$ 期的股权融资成本负相关均未进行实证检验，这也将成为今后进一步研究的方向。

参 考 文 献

［1］刘骏. 会计信息质量研究［M］. 北京：中国财政经济出版社，2005.

［2］Healy P., Palepu K. Information asymmetry, corporate disclosure, and the capital markets: a review of the empirical disclosure literature［J］. Journal of Accounting and Economics, 2001, (31): 405 –440.

［3］蔡志岳，吴世农. 中国上市公司信息披露违规的判定和预测研究——基于财务指标、市场指标和公司治理指标的分析［EB］. http://www. baf. cuhk. edu. hk/research/cig/pdf.

［4］黄菊波，杨小舟. 上市公司治理结构与财务治理相关问题的研究［J］. 财政研究，2003，(2)：14 –19.

［5］Clarkson P., Guedes J., Thompson R. On the diversification, observability and measurement of estimation risk［J］. Journal of Financial and Quantitative Analysis, 1996, March: 69 –84.

［6］Botosan C. A. Disclosure level and the cost of equity capital［J］. The Accounting Review, 1997, 72 (3): 323 –349.

［7］Richard P. Transparency of annual sustainability reports［J］. Corporate Reputation Review, 2004, (7): 107 –123.

［8］Jinbae Kim. Accounting transparency of Korean firms: measurement and determinant analysis［J］. Journal of American Academy of Business, 2005, Mar: 222 –229.

［9］聂顺江. 会计信息质量检验、决定及保证［M］. 北京：中国财政经济出版社，2003.

［10］杜晓莉. 上市公司信息披露质量评价方法与应用研究［D］. 北京：华北电力大学硕士学位论文，2004.

［11］曾颖，陆正飞. 信息披露质量与股权融资成本［J］. 经济研究，2006，(2)：69 –79.

［12］黄志良，周长信. 产权、公司治理、财务经营状况与信息披露质量［J］. 湖北经济学院学报，2006，（1）：91 - 95.

［13］齐伟山，欧阳令南. 会计信息披露质量与会计信息价值相关性分析——来自深圳证券市场的经验证据［J］. 商业经济与管理，2005，（6）：70 - 75.

［14］陆颖丰. 信息透明度与上市公司效应研究［J］. 中国注册会计师，2006，（11）：67 - 70.

［15］汪炜，蒋高峰. 信息披露、透明度与资本成本［J］. 经济研究，2004，（7）：107 - 114.

［16］Heflin F.，Kenneth WS，John JW. Disclosure quality and market liquidity［EB］. Working paper，2001.

［17］Bloomfield R. J.，Wilks T. J. Disclosure effects in the laboratory：liquidity，depth，and the cost of capital［J］. The Accounting Review，2000，75 (1)：13 - 41.

［18］Francis J.，LaFond R.，Olsson P. M.，Schipper K. Cost of equity and earnings attributes［J］. The Accounting Review，2004，（79）：967 - 1010.

［19］黄娟娟，肖珉. 信息披露、收益不透明度与权益资本成本［J］. 中国会计评论，2006，（1）：69 - 83.

［20］师萍，李丽青. 会计信息质量及评价研究［M］. 北京：经济科学出版社，2005，98 - 234.

［21］［加］司可脱. 财务会计理论［M］. 陈汉文等译. 北京：机械工业出版社，1997.

［22］孙铮，杨世忠. 会计信息质量特征［M］. 大连：大连出版社，2005：280.

［23］葛家澍. 市场经济下会计基本理论与方法研究［M］. 北京：中国财政经济出版社，1996.

［24］吴联生. 会计信息质量特征探讨——从《会计法》谈起［J］. 财经论丛，2000，（5）：50 - 53.

［25］葛家澍，刘峰. 会计理论——关于财务会计概念结构的研究［M］. 北京：中国财政经济出版社，2003.

［26］裘宗舜，吴清华. 财务报告质量评估：一种整合的观点［J］. 当代财经，2004，（2）：107 - 111.

［27］Leung Richard，Morris D，Gray Sidney J. Corporate transparency in

CHINA: factors influencing financial disclosure levels [ED]. Working Paper, 2005, School of Accounting University of New South Wales.

[28] 达谭辉. 我国高新技术上市公司年度报告披露特征研究 [J]. 西安：西安交通大学硕士学位论文, 2005: 41.

[29] 李丽青, 师萍. 企业会计信息质量测度指标体系及综合评价 [J]. 太原理工大学学报（社会科学版）, 2005, 23 (3): 52 –56.

[30] 田昆儒, 齐萱, 张帆. 上市公司会计信息披露质量提升问题研究 [J]. 当代财经, 2006, (1): 108 –112.

[31] 孙宁. 股权融资成本与信息披露质量关系实证研究 [J]. 辽宁经济, 2007, (12): 64.

[32] Botosan C. A. , Plumlee M. A. A re-examination of disclosure level and the expected cost of equity capital [J]. Jouranl of Accounting Research, 2002, 40 (1): 21 –40.

[33] Leuz C. , Verrecchia R. E. The economic consequences of increased disclosure [EB]. Working Paper, Johann Wolfgang Goethe University, 1999.

[34] Grant EB. Market implications of differential amounts of interim information [J]. Journal of Accounting Research, 1980, (18): 255 –268.

[35] Lev B. , Thiagarajan S. R. Fundamental information analysis [J]. Journal of Accounting Research, 1993, (31): 190 –215.

[36] Artyom A. D. Essays on corporate transparency and governance practices [D]. Michigan: Dissertation for the Degree of Doctor of Philosophy in the University of Michigan. 2003.

[37] Lang M. , Lundholm R. Cross-sectional determinants of analyst ratings of corporate disclosures [J]. Journal of Accounting Research, 1993, 31 (2): 246 –271.

[38] Senqupta P. Corporate disclosure quality and the cost of debt [J]. The Accounting Review, 1998, (73): 459 –474.

[39] Hsiang-tsai Chiang. Analyst's financial forecast accuracy and information transparency [J]. Journal of American Academy of Business, 2005, (Sep): 164.

[40] Jones J. Earning management during import relief investigations [J]. Journal of Accounting Research, 1991, (29): 193 –228.

[41] 魏明海. 会计信息质量经验研究的完善与运用 [J]. 会计研究,

2005, (3): 28 –35.

[42] Michelle HY, Robert JY. The effects of governance on the financial reporting quality of nonprofit organizations [EB]. Working paper, 2004.

[43] Ryan D, Jenny GS, Pamela K. Internal governance structures and earnings management [J]. Accounting and Finance, 2005, (45): 241 –267.

[44] Bhattacharya U. , Daouk H. , Welker M. The world price of earnings opacity [J]. The Accounting Review, 2003, 78 (3): 641 –678.

[45] Francis J. , Khurana I. , Pereira R. Disclosure incentives and effects on cost of capital around the world [J]. The Accounting Review, 2005, 80 (4): 1125 –1162.

[46] Aboody D. , Hughes J. , Liu J. Earing quality, insider trading and the cost of capital [J]. Journal of Accounting Research, 2005, 43 (5): 651 –673.

[47] Gietzmann M, Ireland J. Cost of capital strategic disclosures and accounting choice [J]. Journal of Business Finance and Accounting, 2005, 32 (3): 599 –633.

[48] Dechow P. M. , Dichev I. D. The relation between earnings and cash flows [J]. Journal of Accounting and Economics, 1998, (25): 133 –168.

[49] Dechow P. M. , Dichev I. D. The quality of accruals and earnings: the role of accrual estimation errors [J]. The Accounting Review, 2002, (77): 35 –39.

[50] McNichols MF. Discussion of the quality of accruals and earnings: the role of accrual estimation errors [J]. The Accounting Review, 2002, (77): 61 –69.

[51] Francis J. R. , LaFond R. , Olsson P. , Schipper K. The market pricing of accruals quality [J]. Journal of Accounting and Economics, 2005, (39): 295 –327.

[52] Francis J. R. , Nanda D. , Olsson P. Voluntary disclosure, information quality, and costs of capital [EB]. Working paper, 2005.

[53] Lang M. , Lundholm R. Corporate disclosure policy and analyst behavior [J]. The Accounting Review, 1996, 71 (October): 467 –92.

[54] Bushee B. J. , Noe C. F. Corporate disclosure practices, institutional investors, and stock return volatility [J]. Journal of accounting Research,

2000, 38（Supplement）：171 - 202.

[55] Welker M. Disclosure policy, information asymmetry and liquidity in equity market [J]. Contemporary Accounting Research, 1995, 11 (Spring): 801 - 827.

[56] Healy P., Hutton A., Palepu K. Stock performance and intermediation changes surrounding increases in disclosure [J]. Contemporary Accounting Research, 1999, (16): 435 - 520.

[57] Qi D., Wu W., Haw I. The incremental information content of SEC 10 - K reports filed under the EDGAR system [J]. Journal of Accounting, Auditing and Finance, 2000, 15 (Winter): 25 - 46.

[58] 王亮飞，潘宁. 会计盈余的及时性、股权集中度与公司特征 [J]. 财贸研究, 2006, (5): 123 - 130.

[59] 李明毅，惠晓峰. 上市公司信息披露与资本成本：来自中国证券市场的经验证据 [J]. 管理学报, 2008, 5 (1): 88 - 95, 127.

[60] 崔伟，陆正飞. 董事会规模、独立性与会计信息透明度——来自中国资本市场的经验证据 [J]. 南开管理评论, 2008, 11 (2): 22 - 27.

[61] 罗竟男. 基于 Francis 模型测度的会计信息质量与信息披露水平之相关性研究 [D]. 西安：西安交通大学硕士学位论文, 2007.

[62] 雷东辉，王宏. 信息不对称与权益资本成本 [J]. 会计之友, 2005, (5): 70 - 71.

[63] 夏立军，鹿小楠. 上市公司盈余管理与信息披露质量相关性研究 [J]. 当代经济管理, 2005, (5): 147 - 152, 160.

[64] Yang Hong, Yang Shu-e. Studies of the relationship between information disclosure and the cost of equity capital in China [C]. Proceedings of 2006 Academic Annual Conference of Accounting Society of China, 2006 (Ⅰ): 838 - 847.

[65] 刘斌，吴娅玲. 股权集中、投资者保护与信息披露质量 [J]. 山西财经大学学报, 2007, 29 (10): 67 - 71.

[66] 王雄元，刘焱. 产品市场竞争与信息披露质量的实证研究 [J]. 经济科学, 2008, (1): 92 - 103.

[67] 王雄元，沈维成. 公司控制结构对信息披露质量影响的实证研究 [J]. 中南财经政法大学学报, 2008, (3): 44 - 50.

[68] 张宗新，杨飞，袁庆海. 上市公司信息披露质量提升能否改进

公司绩效？——基于 2002~2005 年深市上市公司的经验证据 [J]. 会计研究，2007，（10）：16－23.

［69］王茜. 信息披露质量与公司业绩的关系研究 [J]. 财经理论与实践，2008，29（9）：66－70.

［70］向凯. 董事会特征对会计信息披露质量的影响——来自我国上市公司的经验证据 [J]. 价值工程，2007，（11）：136－142.

［71］高强，伍丽娜. 兼任董秘能提高信息披露质量吗？——对拟修订《上市规则》关于董秘任职资格新要求的实证检验 [J]. 会计研究，2008，（1）：47－54.

［72］Barry C. , Brown S. Differential information and security market equilibrium [J]. Journal of Financial and Quantitative Analysis, 1985, 20 (4): 407－422.

［73］Merton R. C. A simple model of capital market equilibrium within-complete information [J]. Journal of Finance, 1987, (42): 483－510.

［74］Kirschenheiter M. Information quality and correlated signals [J]. Journal of Accounting Research, 1997, 35 (1): 43－59.

［75］Shin HS. Disclosures and asset returns [J]. Econometrica, 2003, 71 (1): 105－133.

［76］Leuz C. , Verrecchia R. Firms' capital allocation choices, information quality, and the cost of capital [EB]. The Wharton School, University of Pennsylvania, 2004.

［77］Easley D. , O'Hara M. Information and the cost of Capital [J]. Journal of Finance, 2004, 59 (4): 1553－1582.

［78］Li G. Information quality, learning, and stock market returns [J]. Journal of Financial and Quantitative Analysis, 2005, 40 (3): 595－621.

［79］Lambert R. , Leuz G. , Verrecchia R. Accounting information, disclosure, and the cost of capital [EB]. The Wharton School, University of Pennsylvania, 2005.

［80］Handa P. , Schwartz R. Limit order trading: theory and empirical evidence [EB]. Working paper, New York University, 1991.

［81］Becker B. , Lopez E. , Berbri－Doumar V. , Cohn R. , Adkins A. S. Automated securities trading [J]. Journal of Financial Services Research, 1992: 327－341.

[82] Biais B. Price formation and equilibrium liquidity in fragmented and centralized markets [J]. Journal of Finance, 1993, (48): 157 – 185.

[83] Madhavan A. Security prices and market transparency [J]. Journal of Financial Intermediation, 1996, (5): 255 – 283.

[84] Angel J. Tick size, share prices, and stock splits [J]. Journal of Finance, 1997, 52 (2): 655 – 681.

[85] Bloomfield R. , Ohara M. Market transparency: who wins and who loses [J]. Review of Financial Studies, 1999, (12): 5 – 35.

[86] Myers S. , Majluf N. Corporate financing and investment decisions when firms have information that investors do not have [J]. Journal of Financial Economics, 1984, (13): 187 – 221.

[87] Poshakwale S. , Courtis J. Disclosure level and cost of equity capital: evidence from the banking industry [J]. Managerial and Decision Economics, 2005, 26 (7): 431 – 444.

[88] 叶康涛, 陆正飞. 中国上市公司股权融资成本影响因素分析 [J]. 管理世界, 2004, (5): 127 – 131.

[89] 吴战篪, 乔楠, 余杰. 信息披露质量与股票市场流动性 [J]. 经济经纬, 2008, (1): 138 – 141.

[90] 巴塞尔银行监管委员会. "增强银行透明度" 研究报告 [R]. 巴塞尔银行监管委员会, 1998.

[91] 陈小悦, 肖星, 过晓艳. 配股权与上市公司利润操纵 [J]. 经济研究, 2000, (1): 30 – 36.

[92] 俞乔. 市场有效性、周期异常与股价波动——对上海、深圳股票市场的实证分析 [J]. 经济研究, 1994, (9): 43 – 50.

[93] 吴世农. 我国证券市场效率的分析 [J]. 经济研究, 1996: (4): 13 – 19.

[94] 包建祥, 祝小兵. 我国股票市场有效性的理性认识——兼论新兴股票市场发展的战略选择 [EB]. 工作论文. http: //www. ol. com. cn/finance/topic/woguogupiaoshichang. doc.

[95] 刘文军, 米莉. 上市公司会计信息质量与自愿性披露关系的实证研究 [J]. 内蒙古财经学院学报, 2008, (2): 90 – 93.

[96] Shleifer A. , Vishny R. Larger shareholders and corporate control [J]. Journal of Political Economy, 1986, 94 (31): 461 – 488.

［97］章建伟，涂建明．上市公司信息披露质量与交易所考评制度［J］．经济理论与经济管理，2007，（12）：42－45．

［98］陈向民，林江辉．公司信息披露策略与股价波动——对滤波效应的理论描述和实证检验［J］．中国会计与财务研究，2004，（1）：93－104．

［99］周勤业，卢宗辉，金瑛．上市公司信息披露与投资者信息获取的成本效益问卷调查分析［J］．会计研究，2003，（5）：3－10．

［100］朱兰等．朱兰质量手册［M］．北京：中国人民大学出版社，2003．

［101］王乐锦，綦好东．生物资产增值信息披露的逻辑：会计信息质量视角［J］．会计研究，2008，（3）：27－35．

［102］Penno M. C. Information quality and voluntary disclosure［J］. The Accounting Review，1997，（72）：275－284.

［103］Wishwanath T.，Kaufmann D. Towards transparency in finance and governance［R］. World Bank，1999.

［104］Kaufinann D.，Kraay A. Growth without governance［ED］. Policy Research Working Paper，World Bank，2002.

［105］Bushman R.，Smith A. Transparency，financial accounting information and corporate governance［J］. Economic Policy Review，2003，（9）：65－87.

［106］Mark Evans. Voluntary disclosure and information asymmetry：an empirical examination of commitment to increased disclosure［ED］. Working paper，2006.

［107］刘心雨，张楚堂．如何提高上市公司信息披露的质量［J］．统计与决策，2004，（11）：91－92．

［108］朱国鸿，孙铮．会计国际化的策略选择：会计信息质量视角［J］．会计研究，2004，（3）：16－21．

［109］林钟高，李洁．契约视角下的会计信息质量：综述与启示［J］．财会通讯（综合版），2006，（6）：6－9．

［110］Jennifer G，Reeneth G. The relation between nonrecurring accounting transaction and CEO cash compensation［J］. The Accounting Review，1998，（73）：235－253.

［111］陈千里．信息披露质量与市场流动性［J］．南方经济，2007，（10）：70－79．

［112］彭敏，杨晶．信息披露质量与资本成本：理论研究综述［J］．

财经界，2007，（4）：45-46.

[113] Beasley M. An empirical analysis of the relation between the board of director composition and financial statement fraud [J]. Accounting Review, 1996，（71）：443-465.

[114] 财务会计准则委员会编. 论财务会计概念 [M]. 娄尔行，译. 北京：中国财政经济出版社，1992.

[115] 国际会计准则委员会编. 国际会计准 2002 [M]. 政部会计准则委员会，译. 北京：中国财政经济出版社，2003.

[116] 王建玲，张天西. 基于信息质量理论的财务报告及时性研究 [J]. 当代经济科学，2005，（5）：81-88.

[117] 刘骏. 会计信息质量与会计准则制定权合约安排研究 [D]. 南昌：江西财经大学博士学位论文，2004.

[118] 一心. 读者调查综述：权利在你手中 [N]. 中国证券报，1999-6-26.

[119] 夏冬林. 我国上市公司股东大会功能分析 [J]. 会计研究，2000，（3）：12-17.

[120] 王洁. 论经理层的激励与约束机制 [J]. 上海工程技术大学学报，2003，17（3）：237-240.

[121] 魏刚. 高级管理层激励与上市公司经营绩效 [J]. 经济研究，2000，（3）：32-39.

[122] 李增泉. 激励机制与企业绩效：一项基于上市公司的实证研究 [J]. 会计研究，2000，（1）：24-30.

[123] 张俊瑞，赵进文，张建. 高级管理层激励与上市公司经营绩效相关性的实证分析 [J]. 会计研究，2003，（9）：29-34.

[124] 林浚清，黄祖辉，孙永祥. 高管团队内薪酬差距、公司绩效和治理结构 [J]. 经济研究，2003，（3）：31-41.

[125] 张正堂. 高层管理团队协作需要、薪酬差距和企业绩效 [J]. 南开管理评论，2007，（1）：4-11.

[126] 朱星文，蔡吉甫，谢盛纹. 公司治理、盈余质量与经理报酬研究——来自中国上市公司数据的检验 [J]. 南开管理评论，2008，11（2）：28-33.

[127] Albrecht W. S., Wernz G. W., Williams T. L. Fraud: bring the light to the dark side of business [R]. New York Irwin Inc., 1995：15-52.

［128］ Beasley M. Board of directors and fraud ［J］. CPA Journal, 1998, (68): 56 – 58.

［129］ Beneish M. D. Incentives and penalties related to earnings overstatements that violate GAAP ［J］. Accounting Review, 1999, (74): 425 – 457.

［130］ Lee T. A., Ingram R. W., Howard TP. The difference between earnings management and operating cash flow as an indicator of financial reporting fraud ［J］. Contemporary Accounting Research, 1999, (16): 749 – 786.

［131］ Howe M. A. Management fraud and earnings management: fraud versus GAAP as a mean to increase reported income ［D］. Connecticut: Ph. D. Dissertation of University of Connecticut, 1999.

［132］ Persons, Obeua S. Using financial statement data to identify factors associated with fraudulent financial reporting ［J］. Journal of Applied Business Research, 1995, 11 (3): 9 – 38.

［133］ Dechow PM, Sloan RG, Sweeney AP. Detecting earnings management ［J］. Accounting Review, 1995, (70): 193 – 225.

［134］ Charles J., Chen P., Chen Shimin, et al. Profitability regulations, earnings management and modified audit opinions: evidence from China ［J］. Auditing: A Journal of Practice & Theory, 2001, 20 (2): 9 – 30.

［135］ DeAngelo L. Auditor Size and Audit Quality ［J］. Journal of Accounting and Economics, 1981, 3 (3): 183 – 199.

［136］ Becker C., DeFond M., Jiambalvo J., Subramanyam KR. The effect of audit quality on earnings management ［J］. Contemporary Accounting Research, 1998, (15): 1 – 24.

［137］ DeFond M., Wong T. J., Li SH. The Impact of improved auditor independence on audit market concentration in China ［J］. Journal of Accounting and Economics, 2000, (28): 269 – 305.

［138］ Gopal V. K. Does Big 6 auditor industry expertise constrain earnings management? ［J］. Accounting Horizons, 2003, (Supplement): 1 – 16.

［139］ 漆江娜, 陈慧霖, 张阳. 事务所规模·品牌·价格与审计质量——国际"四大"中国审计市场收费与质量研究 ［J］. 审计研究, 2004, (3): 59 – 65.

［140］ 陈关亭, 兰凌. 操控性应计利润审计质量的实证比较 ［J］. 审计与经济研究, 2004, (7): 16 – 19.

［141］ Francis J. , Krishnan J. Accounting accruals and auditor reporting conservatism ［J］. Contemporary Accounting Research, 1999, (Spring): 135 – 165.

［142］ 王咏梅, 王鹏. "四大" 与 "非四大" 审计质量市场认同度的差异性研究 ［J］. 审计研究, 2006, (5): 49 – 56.

［143］ 赵智全. 谈资产负债表、损益表及现金流量表的勾稽关系 ［J］. 中国农业会计, 2002, (6): 12 – 13.

［144］ Pagano M. , Roell A. The choice of stock ownership structure agency costs, monitoring, and the decision to go public ［J］. The Quarterly Journal of Economics, 1998, (2): 188 – 225.

［145］ Bennedsen M. , Wolfenzon D. The balance of power in closely held corporations ［J］. Journal of Financial Economics, 2000, (58): 113 – 139.

［146］ Klein A. Audit committee, board of director characteristics, and earnings management ［J］. Journal of accounting and Economics, 2002, (33): 375 – 400.

［147］ Uzun H. , Samuel H. S. , Varma R. Board composition and corporate fraud ［J］. Financial Analysts Journal, 2004, (60): 33 – 43.

［148］ Dechow PM, Sloan RG, Sweeney AP. Detecting earnings management ［J］. Accounting Review, 1995, (70): 193 – 225.

［149］ 夏冬林, 李刚. 机构投资者持股和会计盈余质量 ［J］. 当代财经, 2008, (2): 111 – 118.

［150］ Jensen M. C. The modern industrial revolution, exit, and the failure of internal control systems ［J］. Journal of Finance, 1993, (48): 831 – 880.

［151］ Persons, O. S. Using financial statement data to identify factors associated with fraudulent financial reporting ［J］. Journal of Applied Business Research, 1995, 11 (3): 9 – 38.

［152］ 陆建桥. 后安然时代的会计与审计 ［J］. 会计研究. 2002, (10): 33 – 42.

［153］ 孙蔓莉. 公司年报中的印象管理行为研究 ［M］. 北京: 中国人民大学出版社, 2005.

［154］ 陈庆杰. 引入经理人特征的财务报告舞弊识别模型的改进与优化研究 ［D］. 西安: 西安交通大学博士学位论文, 2006.

［155］ Barton J. , Waymire G. Investor protection under unregulated

financial reporting [J]. Journal of Accounting and Economics, 2004, (38):
65 – 116.

[156] 张为国, 王霞. 中国上市公司会计差错的动因分析 [J]. 会计研究, 2004, (4): 24 – 29.

[157] 王克敏, 陈井勇. 股权结构、投资者保护与公司绩效 [J]. 管理世界, 2004, (2): 127 – 148.

[158] Jensen M. C. , Meckling W. H. Theory of the firm: managerial behavior, agency costs, and ownership structure [J]. Journal of Financial Economics, 1976, (3): 305 – 360.

[159] Watts R. , Zimmerman J. Agency problems, auditing, and the theory of the firm: some evidence [J]. Journal of Law and Economics, 1983, (26): 613 – 633.

[160] Krishnan G. V. Does Big 6 auditor industry expertise constrain earnings management? [J]. Accounting Horizons, 2003, (Supplement): 1 – 16.

[161] Bartov E. , Gul F. , Tsui Judy. Discretionary accruals models and audit qualifications [J]. Journal of Accounting & Economics, 2000, (30): 421 – 452.

[162] 管考磊, 刘剑超. 董事会、审计委员会与监事会关系研究 [J]. 中南财经政法大学研究生学报, 2006, (4): 100 – 103, 94.

[163] Haw In – Mu, Hu B. , Hwang L. S. , Wu W. Ultimate ownership, income management, and legal and extra-legal institutions [J]. Journal of Accounting Research, 2004, (42): 423 – 462.

[164] 王建玲. 上市公司年度报告及时性问题研究 [D]. 西安: 西安交通大学博士学位论文, 2005.

[165] Shannon C. E. A mathematical theory of communication [J]. Bell System Technical Journal July, 1948, (27): 379 – 423.

[166] 邱菀华. 管理决策与应用熵学 [M]. 北京: 机械工业出版社, 2002.

[167] James M. , Jacob M. Partial knowledge, entropy, and estimation [J]. Statistics, 1975, 72 (10): 3819 – 3824.

[168] Stutzer M. A simple nonparametric approach to derivative security valuation [J]. Journal of Finance, 1996, (16): 33 – 52.

[169] Robertson, John C, Tallman et al. Forecasting Using Relative Entropy [EB]. Working Paper Series (Federal Reserve Bank of Atlanta), 2002,

(22)：1 –32.

[170] 朱庆须，宋绍清. 基于熵值法的 IT 企业业绩评价模型 [J]. 财会通讯·学术，2005，(6)：21 –24.

[171] 韩伯棠，李强，朱美光，张彩波. 基于熵理论的高新区发展不均衡度评价 [J]. 科学学研究，23 (3)：342 –346.

[172] 杨红，杨淑娥，张栋. 基于熵理论的上市公司信息披露质量测度 [J]. 系统工程，2007，25 (9)：16 –21.

[173] 张程睿. 公司信息披露质量对投资者交易行为的影响——基于对深圳上市公司的经验分析 [J]. 南方经济，2008，(4)：53 –64.

[174] 中国上市公司违规处理研究数据库使用指南 [EB]. 深圳：国泰安信息技术有限公司，2007.

[175] Barber B. , Lyon J. Detecting long-run abnormal stock returns：the empirical power and specification of test statistics [J]. Journal of Financial Economics, 1997, (43)：341 –372.

[176] 李怀祖. 管理研究方法论 [M]. 西安：西安交通大学出版社，2004.

[177] 朱红兵，何丽娟. 在 SPSS10.0 中进行数据资料正态性检验的方法 [J]. 首都体育学院学报，2004，(3)：123 –125.

[178] 王星. 非参数统计 [M]. 北京：中国人民大学出版社，2005.

[179] Hail L. The impact of voluntary corporate disclosures on the ex-ante cost of capital for Swiss firms [J]. European Accounting Review, 2002, 11 (4)：741 –773.

[180] 陈晓，单鑫. 债务融资是否会增加上市企业的融资成本? [J]. 经济研究，1999，(9)：39 –46.

[181] 高晓红. 产权效率与市场效率：我国上市公司股权融资偏好分析 [J]. 投资研究，2000，(8)：23 –26.

[182] 黄少安，张岗. 中国上市公司股权融资偏好分析 [J]. 经济研究，2001，(11)：11 –14.

[183] 何玉. 网络财务报告研究：决定因素、经济后果与管制 [D]. 上海：上海交通大学博士学位论文，2006.

[184] Baiman S. , Verrecchia RE. The relation among capital markets, financial disclosure, production efficiency, and insider trading [J]. Journal of Accounting Research, 1996, (34)：1 –22.

[185] Verrecchia RE. Disclosure and the cost of capital: a discussion [J]. Journal of Accounting and Economics, 1999, (26): 271 – 283.

[186] Lakonishok J. Is beta dead or alive? In the CAPM controversy: policy and strategy implications for investment management [J]. Association for Investment Management and Research, 1993, (3): 1 – 62.

[187] 陈柳钦, 吕红. CAPM 理论在我国证券市场中的应用分析 [J]. 学术交流, 2003, (11): 61 – 65.

[188] 杨朝军, 邢靖. 上海证券市场 CAPM 实证检验 [J]. 上海交通大学学报, 1998, 32 (3): 59 – 64.

[189] 陈小悦, 孙爱军. CAPM 在中国股市的有效性检验 [J]. 北京大学学报 (哲学社会科学版) [J]. 2000, 37 (4): 28 – 37.

[190] 靳云汇, 刘霖. 中国股票市场 CAPM 的实证研究 [J]. 金融研究, 2001, (7): 106 – 115.

[191] 林海, 洪永淼. 中国股票市场资产定价模型的新检验 [EB]. Working paper, 2005.

[192] Easley D., Hvidkjaer S., O'Hara M. Is information risk a determinant of asset returns [J]. Journal of Finance, 2002, 57 (5): 2185 – 2221.

[193] Gebhardt W., Lee C., Swaminathan B. Toward an implied cost of capital [J]. Journal of Accounting Research, 2001, 39 (June): 135 – 176.

[194] Gordon J., Gordon M. The finite horizon expected return model [J]. Financial Analysts Journal, 1997, (May/June): 52 – 61.

[195] Lee C. M., Myers J., Swaminathan B. What is the intrinsic value of the Dow? [J]. Journal of Finance, 1999, (54): 1693 – 1741.

[196] Ohlson J., Juettner – Nauroth, B. Expected EPS and EPS growth as determinants of value [EB]. Working paper, New York University, 2003: 1 – 36.

[197] Easton P. PE ratios, PEG ratios, and estimating the implied expected rate of return on equity capital [J]. The Accounting Review, 2004, (January): 73 – 95.

[198] 沈艺峰, 肖珉, 黄娟娟. 中小投资者法律保护与公司权益资本成本 [J]. 经济研究, 2005, (6): 115 – 124.

[199] 娄权. 深市上市公司信息披露质量之经验分析 [J]. 工业技术经济, 2005, 24 (8): 152 – 154.

[200] Modigliani F. , Miller M. H. The cost of capital, corporation finance, and the theory of investment [J]. The American Economic Review, 1958, 48 (3): 261 - 297.

[201] Fama E. , French K. Common risk factors on the returns of stocks and bonds [J]. Journal of Financial Economics, 1992, (33): 3 - 57.

[202] Amihud Y, Mendelson H. Asset pricing and bid-ask spread [J]. Journal of Financial Economics, 1986, (17): 223 - 249.

[203] Brennan M. , Chordia T. , Subrahmanyam A. Alternative factor specifications, security characteristics, and the cross-section of expected stock returns [J]. Journal of Financial Economics, 1998, (49): 345 - 373.

[204] Litner J. The valuation of risk assets and the selection of risky investments in stock portfolios and capital budgets [J]. The Review of Economics and Statistics, 1965, (47): 13 - 37.

[205] Mossin J. Equilibrium in a capital asset market [J]. Econometrica, 1966, (341): 768 - 783.

[206] Sharpe W. Capital asset price: A theory of market equilibrium under conditions of risk [J]. Journal of Finance, 1964, (19): 425 - 442.